W0299056

Bereits vor ihrem Debüt in der alten Bundesrepublik mit ihrem Band ›Mitten im Krieg‹ (1989) hatte Irina Liebmann literarisches Aufsehen erregt. 1982 erschien in Halle die Porträt-Sammlung ›Berliner Mietshaus‹, die Literatur-Kritiker aufhorchen ließ. In beiden Büchern geht es um Innenansichten in der damaligen DDR. Für ihre erste Buchveröffentlichung besuchte Irina Liebmann über ein Jahr hinweg drei Dutzend Mietparteien eines Gründerzeithauses im Bezirk Prenzlauer Berg und befragte sie. Nach Abschluß ihrer Interview-Arbeit legte sie ihren Gesprächspartnern, soweit erreichbar, die ausformulierten Texte vor und ließ sie sich autorisieren. Des ganzen Lebens Fülle findet sich in diesem Mikrokosmos wieder. Die älstesten Bewohner stammen noch aus der Vorkriegszeit, die jüngsten waren aus der südlichen DDR zugezogen. Abgesehen von einem Studenten und seiner Freundin, sowie einem Jungautor und einem Marionettenmacher handelt es sich bei den Bewohnern überwiegend um Kleinbürger mit entsprechend kleinbürgerlichen Sorgen. Irina Liebmann gelingt es – und damit weist sie sich als Autorin aus –, für jedes Mieter-Porträt die angemessene Farbe und Tonlage zu finden. Auffällig übrigens, daß etliche der gezeichneten Personen zwar hier und da Mißmut und Unbehagen äußern und nörgeln, sich im Grunde aber mit ihrem damaligen Staat abgefunden, sich in ihm eingerichtet haben (dies im deutlichen Gegensatz zu den Personen des Bandes ›Mitten im Krieg‹). Das Viertel Prenzlauer Berg gibt es schon jetzt nicht mehr in der Form, wie es Irina Liebmann festgehalten hat. Neben ihrem literarischen Reiz zeichnen sich diese Porträts durch ihren Zeugniswert aus.

Irina Liebmann wurde 1943 in Moskau geboren; studierte Sinologie in Leipzig; seit 1975 freie Schriftstellerin in Berlin/Ost; seit 1988 Wohnsitze in beiden Teilen der Stadt; Verfasserin von Reportagen, Hörspielen und Theaterstücken; sie wurde mit dem Förderpreis des Bremer Literaturpreises, dem Ernst-Willner-Preis des Klagenfurter Ingeborg-Bachmann-Wettbewerbs und dem Literaturpreis der Aspekte-Redaktion des ZDF ausgezeichnet.

Von Irina Liebmann außerdem im Programm des Fischer Taschenbuch Verlags: ›Mitten im Krieg‹ (Bd. 10704).

Irina Liebmann
Berliner Mietshaus

Fischer
Taschenbuch
Verlag

Die Erstausgabe erschien 1982
im Mitteldeutschen Verlag in Halle.
Das Manuskript wurde 1980 abgeschlossen.

Veröffentlicht im Fischer Taschenbuch Verlag GmbH,
Frankfurt am Main, Januar 1993

Lizenzausgabe mit freundlicher Genehmigung der
Frankfurter Verlagsanstalt, Frankfurt am Main
© 1990 Frankfurter Verlagsanstalt, Frankfurt am Main
Umschlaggestaltung: Buchholz / Hinsch / Hensinger
Druck und Bindung: Clausen & Bosse, Leck
Printed in Germany
ISBN 3-596-11287-7

Berliner Mietshaus

Was über ein Haus zu erfahren ist, setzt sich zusammen aus der Geschichte des Landes, Ortes, Stadtteils und den Lebensgeschichten der Menschen, die seine zeitweiligen Bewohner sind. Vergangene und bestehende, öffentliche und private, erlebte und erzählte Wirklichkeit wechseln ständig ineinander.

Wenn man an einer Tür klingelt und mit dem Menschen, der öffnet, ins Gespräch kommt, erhält man eine Momentaufnahme von einem ganz bestimmten Punkt in diesem Prozeß, und wenn man dann weiter an allen anderen Türen des Hauses klingelt, ergibt sich eine aus dem Einmaligen ins Unendliche gespiegelte Montage solcher Lebensausschnitte, zusammengefaßt durch den gemeinsamen Wohnort, eine Klammer, die zufällig und zwangsläufig ist wie die Berichte selbst.

Der Leser wird hier also keine ausführlichen Lebensläufe finden, nur die Wiedergabe von Gesprächen und Situationen.

Ich hatte kein Frageschema. Mich interessierte, was einem Fremden spontan erzählt wird, diese Kombination von Biographie, Erinnerung und Kommentar. Deshalb habe ich das Erzählte nicht in Zweifel gezogen und nicht überprüft. Der Erzähler hatte die Wahl zu treffen, ich nahm die Variante ernst, die er für mich im Augenblick unserer Begegnung gefunden hatte: seine Darstellung des eigenen Spielraums und dessen gelegentliche Berührung mit der Weltgeschichte, beides im Bratkartoffelgeruch des Alltags.

Ich war sehr überrascht, wie freundlich ich fast überall aufgenommen wurde, wie freimütig die meisten von sich erzählten, manche so, als ob sie schon lange darauf gewartet hätten, daß endlich einer kommt und sie fragt.

Das Haus (1)

Das Haus steht mitten in der Häuserzeile einer gewöhnlichen Straße im Stadtbezirk Prenzlauer Berg, es hat fünf Stockwerke wie alle diese Häuser, im Erdgeschoß zwei Läden: eine Bäckerei und ein Wäschegeschäft. Rechts von den beiden Schaufenstern befindet sich die Haustür, eigentlich eine Toreinfahrt, braun lackiertes Holz, die Scheiben an den Rändern schräg geschliffen.

Jedes Stockwerk hat an der Vorderfront zwei Altberliner Balkons mit grün gestrichener Holzverkleidung hinter den Eisengittern und hohen Glasscheiben an den Seiten. Im Vorderhaus variiert die Wohnungsgröße zwischen 1½ bis 2½ Zimmern (die ursprünglich großen, herrschaftlichen Wohnungen waren Anfang der dreißiger Jahre geteilt worden), im Quergebäude gibt es nur 1½- oder 1-Zimmer-Wohnungen (entsprechend dem Raumprogramm der Mietshäuser, möglichst viele Stube-Kammer-Küche-Einheiten in einem Haus unterzubringen).

Das Haus steht auf dem ehemals Griebenowschen Land (Wilhelm Griebenow, Büchsenmacher und Soldat, zog 1809 mit Schills Freikorps aus Berlin, um Deutschland von Napoleon zu befreien, heiratete später die Tochter des Grundbesitzers Zernikow, legte auf dem Gelände zwei heute noch bekannte Wege an – Pappelallee und Kastanienallee – und wurde einer der großen Berliner Bodenspekulanten), es ist im März 1892 projektiert und im Januar 1893 abgenommen worden, vorzeitig, wie aus der Bauakte hervorgeht, da »täg-

lich Mieter kommen, welche mieten und Wohnungen besichtigen wollen«. Gebaut wurde das Haus nach Art der »Maurermeisterarchitektur«. Der Begriff entstand, als in der Hektik der Gründerzeit die Bauausführung in den Büros der Baustoffhändler fixiert wurde und die Maurermeister schon wußten, wie sie zu bauen und welche Vorschriften sie einzuhalten hatten. Aus dem Format der Parzellen (meist 22 Meter Breite und 56 Meter Tiefe) ergab sich die Möglichkeit, mehrere Häuser hintereinander zu bauen, zumal die Baupolizeidirektion als Mindestgröße der Höfe nur 5,3 mal 5,3 Meter verlangte.

Der Gegensatz zwischen Vorderhaus und Hinterhaus entspricht den Vorstellungen des Ingenieurs James Hobrecht, der von 1859 bis 1862 im Auftrag des Berliner Polizeipräsidiums einen Bebauungsplan für den Berliner Norden ausarbeitete und sich zu Studienzwecken in einigen europäischen Großstädten aufgehalten hatte. London, wo Arme und Reiche getrennt voneinander in verschiedenen Stadtteilen lebten, hat ihn entsetzt, und in der Kombination von wohlhabenden und armen Wohnungen sah er »ein empfehlenswertes Durcheinander«. Was aber bei der projektierten Dichte der Straßen und Häuser tatsächlich entstand, waren Mietskasernenviertel mit einer Belegung von zeitweise bis zu 300 Personen pro Haus. Eine Verteilung der sozialen Klassen auf verschiedene Berliner Wohngebiete wurde dadurch nur beschleunigt. Wer es sich leisten konnte, zog aus den Mittelstandswohnungen der Vorderhäuser in den Süden oder Westen der Stadt. Die Unternehmer blieben dort vom Qualm ihrer eigenen Fabriken verschont (Westwindlage der Norddeutschen Tiefebene). Auch der erste Besitzer des Hauses, ein Kartoffelgroßhändler, gibt in den Unterlagen eine Charlottenburger Adresse an, verkauft später an einen Fotografen, seit

Jahrzehnten ist über dem Hauseingang das bekannte Schild KWV angeschraubt.*

Im Haus gab es vom Baujahr an fließend Wasser und Innentoiletten. Gasbeleuchtung hatten Treppenhaus und alle Wohnungen (im Vorderhaus mehrere Zimmer, im Quergebäude nur eins). Gekocht wurde auf gemauerten Kochherden. 1926 ließ der Eigentümer eine elektrische Leitung ins Treppenhaus legen, von dieser Hauptleitung konnten die Mieter auf eigene Kosten Leitungen abzweigen. Noch vor dem 1. Weltkrieg hatte sich der Gaskocher in den Küchen durchgesetzt, nach dem 2. Weltkrieg der Gasherd, in den fünfziger und sechziger Jahren sind fast alle Kochherde aus den Küchen herausgerissen worden (heute stehen noch acht), seit April 1981 werden die Mieter des Hauses mit Erdgas versorgt, die KWV stellte dafür jedem Mieter einen neuen Gasherd zur Verfügung.

Die älteste Bewohnerin hat ihr ganzes Leben in diesem Haus verbracht, andere sind 1937, 1948, 1950 eingezogen – sieben Parteien betrachten sich als die eigentlichen, alten Mieter.

Fünf Parteien sind neu in Berlin, alle aus dem Süden der DDR zugezogen.

Wenn man das Tor öffnet, erkennt man im diffusen Licht Stuckkränze an den Wänden und an der Decke, alles olivfarben, staubig, die Lampe hängt an einer Messing-Ananas, die Treppe hat bis zum ersten Absatz Stufen aus Stein, danach aus Holz, die Geländerstützen gedrechselt, ein Ölsockel begleitet die Treppe – grüne Marmorimitation (Neuanstrich im Sommer 1981: ocker).

Im Quergebäude keine Andeutung von Luxus, hier fallen nur die Briefkästen auf, ehemals blau gestrichen, nun rostend.

* Kommunale Wohnungsverwaltung

Vorderhaus

Parterre

LINKS
WÄSCHE- UND KURZWAREN
Beate L.

Bis obenhin kunstvoll gefüllt – das Schaufenster. Blaues Nachthemd, rosa Nachthemd, geneigt nach links, geneigt nach rechts, durchscheinende Unterröcke, ein Negligé, alles scheint zu schweben, ein Pullover hat einen Arm aufgestützt, ruhig nebeneinander liegt Unterwäsche, in den Ecken sind Damenstrümpfe, Fingerhandschuhe, Socken, Sockenhalter, Knöpfe und Tücher gerecht verteilt, und Schneeflokken aus Pappe signalisieren die Saison. Der Schnee auf dem Trottoir ist matschig, hinterläßt Pfützen im Ladenraum, sonst ist darin alles, wie es sein soll: viel Glas, viel Licht, viel Kundschaft.

Eine ältere Frau verkauft, faltet Wäschestücke zusammen und auseinander, eine andere sortiert Strümpfe in ein Regal, und wenn sie sich umdreht – wer schafft das, uns wie gleichen zuzulächeln und doch auszusehen wie die Chefin?

Ich habe eine ältliche Frau erwartet, nicht dieses glatte Gesicht mit Pagenkopf und blauen Augen. Frau L., die Besitzerin, ist Mitte Dreißig.

Gelassen führt sie mich in ein Hinterstübchen, fragt, ob ich Kaffee trinken würde, setzt Wasser auf. Während das Wasser kocht, will sie noch einmal meinen Presseausweis sehen und entschuldigt sich gleich dafür, sie habe das Geschäft noch nicht lange. Erzählt schnell hintereinander, was sie so hinter sich hat, 10 Jahre Lucie Kaiser, 3 Jahre Außenhandel, 4 Jahre Großbetrieb, Lehre – Industriekaufmann, Abendschule – Exportkaufmann, Fernstudium – Ingenieurökonom, Messen in Leipzig, Modenschauen in Moskau, Dienstreisen nach Prag und Budapest, genießt meine Verwunderung und sagt, daß sie ihrerseits gar nicht überrascht sei. Sie könnte sich schon vorstellen, was ich schreiben wolle. Ihr Mann habe ihr gerade solche Alltagsgeschichten geschenkt: SINDBADS MÜTZE, von Bernd Schirmer. Zwar hätte er das Buch eigentlich nur gekauft, weil dieser Schriftsteller in ihrem Haus wohnt, aber es sei sehr amüsant. Geschichten über Dienstreisen und so manches, was man selbst erlebt hat. Dann will sie wissen, ob mir das ein Begriff sei: Lucie Kaiser, Altenburg.

Ich sage, was mir dazu einfällt: halbstaatlicher Betrieb, ganzseitige Reklamefotos in der SIBYLLE, nackte Schultern, lange Kleider.

Festkleider. Zu meiner Zeit haben wir hauptsächlich Festkleider produziert, und vor allem aus Plauener Spitze, erinnern Sie sich nicht an ein Spitzenkleid?

Plauener Spitze habe sie mit der Nagelschere nächtelang ausgeschnitten für ein bestimmtes Modell, das auch noch nachbestellt wurde. Alle im Betrieb mußten Spitze schneiden, das sind so Jugenderinnerungen, später sagt man, es hat Spaß gemacht.

Es habe ja auch Spaß gemacht, aber vielleicht hat sie immer alles zu ernst genommen, immer alle Modellnummern im Kopf zu behalten, das wäre ja gar nicht nötig gewesen!

Der Raum, in dem wir sitzen, ist winzig, die Regale bis zur Decke vollgestopft mit Waren, auf dem Schreibtisch ein Berg von verknüllten Plastetüten, sie enthalten repassierte Strümpfe.

Frau L. brüht den Kaffee auf und sitzt mir gegenüber. In das Regal, das den Verkaufsraum vom Hinterzimmer trennt, ist ein Spalt gesägt, durch den kann man die Ladentür sehen, ein Stück von jedem Kunden und die Hände der Verkäuferin.

Frau L. sagt, die Ritze sei ein guter Einfall ihrer Vorgängerin gewesen.

Sie hat der Verkäuferin auch eine Tasse Kaffee aufgebrüht, jedesmal, wenn der Laden leer ist, kommt die Frau nach hinten, lehnt sich mit dem Rücken an ein Regal, trinkt einen Schluck.

Sie verkauft schon sieben Jahre, seit zwei Jahren für Frau L., bewundernder Blick zur Chefin, die habe alles wieder richtig in Schwung gebracht. Verständlich, die Vorgängerin war eine alte Frau, hatte den Laden zwanzig Jahre, davor soll es ein Geschäft für Posamenten gewesen sein, und davor verliere sich alles im dunkeln.

Ein Café muß es gewesen sein! sagt Frau L., der Flur war der Durchgang, die Regale sind genauso gebaut wie nebenan, es wird eine Bäckerei mit Kaffeestübchen gewesen sein.

Frau L. spricht leicht sächsisch, und ich frage sie nach ihrer Heimatstadt.

Altenburg, sagt sie lächelnd, Altenburg.

Ich suche zusammen, was ich über Altenburg weiß. Eine kleine Stadt auf den Hügeln, Villenstraßen, das Theater.

Unser Theater! Ein Sprungbrett! Edda Schaller kam aus Altenburg, Martin Ritzmann, Jürgen Frohriep!

Jürgen Frohriep sei der Schwarm ihrer Schwester gewesen, die hat ihm Veilchensträuße an die Türklinke gebunden und ist dann weggelaufen. Aber das müsse unter uns bleiben, meint Frau L. Sie sagt dazu: intern.

Von der Schwester spricht sie mehrmals, die war jünger, weniger belastet und ohne Verständnis. Warum liest du keine Bücher, hat sie gesagt, du verblödest. Ich hatte doch keine Kraft mehr, sagt Frau L., bei dem Streß. Damals haben wir den Export erst aufgebaut!

Wir haben den Kaffee ausgetrunken, durch den Spalt im

Regal sehen wir die Kunden kommen und gehen, wir sehen auch ein Stück von der Verkäuferin und den Saum eines violetten Nachthemdes, das vom Regal hängt.

Von der berühmten Lucie Kaiser zum Wäscheladen in Prenzlauer Berg, ich verstehe das nicht, und Frau L. versteht mich nicht.

Das sei doch alles ganz einfach: einkaufen – verkaufen, ob nun 1 000 Kleider oder drei Paar Wäsche, wo sei da der Unterschied? Vorher war es im großen, jetzt im kleinen.

Eine Weile betrachtet sie ihre pastell lackierten Fingernägel und überlegt irgend etwas.

Wenn ich ein Kind hätte, ich würde alles tun, damit es nicht so früh an Verantwortung rankommt. Sofort schränkt sie ein: Mit zwanzig habe das Spaß gemacht, Moskau zum Beispiel, wie sie da gelaufen ist nach Karten für die Oper oder für die Wiener Eisrevue im Sommer, und die Straßen voller Menschen wie bei uns nur am Ersten Mai, »Kulturfanatiker« hieß sie bei den Kollegen.

Schließlich ein kleiner Angriff: Sie an meiner Stelle hätten die Arbeit gar nicht übernehmen können. Mit Kindern? Die vielen Dienstreisen? Die Hektik? Die Verantwortung?

Der Verschleiß bleibt.

Hier arbeite ich doch auch.

Sie habe spät geheiratet, nach einigen Enttäuschungen, und ein gutes Zusammenleben, das sei für sie ein Wert. Vielleicht der wichtigste im Leben.

Frau L. hat ihren Mann im Außenhandel kennengelernt, »mein Mann« sagt sie in dem Ton, in dem man von anerkannten Autoritäten spricht. Ich vermute, sie hat ihren Chef geheiratet oder den Chef der Nachbarabteilung. Tatsächlich sagt sie drei Sätze später, der Mann sei Abteilungsleiter und mache sich manchmal über sie lustig: Du, mit deinen drei Leuten!

Mir genügt das, sagt sie, zum Beispiel das GEWA-Kaufhaus wäre mir zu groß (GEWA ist auch privat).

Ich will wieder fragen, ob ihr der kleine Laden wirklich Spaß macht, aber sie läßt sich nicht unterbrechen, erklärt, daß der Apfelsaft im Regal für einen bestimmten Beifahrer gekauft wurde, der Wäsche vom Großhandel bringt, daß sie den Verkäuferinnen Terminlisten und Informationen gibt, wie sie in den großen Betrieben üblich sind, und jetzt erst sei sie hinter das Geheimnis des Dekorateurs gekommen: Man muß nur die Nadeln richtig stecken!

Ich kenne die Branche, darum fällt mir das leicht hier, der Laden.

Auf Wunsch des Rates des Stadtbezirks hat sie das Wäschesortiment ihrer Vorgängerin um Kurzwaren erweitert, nur das Praktische: Twist, Nadeln, Garn, Knöpfe, Stoßborten, Wäscheband, Schrägstreifen, das genügt, es sei ohnehin schwer genug, mit der Pfennigware Geld zu verdienen. Ihre Mutter habe das auch immer gesagt: Kurzwaren machen die meiste Arbeit.

Und so sei es auch. Die Textilbranche sei sowieso benachteiligt. Wenn sie bei Lucie Kaiser zum Beispiel einen Abschluß von 100 000 Mark hatte, waren das vielleicht Kleider, für die sie 15 verschiedene Verträge machen mußte. Eine Branche wie der Bergbau dagegen mache für 100 000 Mark vielleicht nur einen Vertrag, also fünfzehnfache Arbeit für die Textilbranche, und im Laden hier sei es genauso: die Nachthemden sind am größten, liegen zuerst im Regal, fünf Schlüpfer sind auch noch schnell eingepackt, aber ehe Garn sortiert ist!

An Berlin hat sie sich gewöhnt. Normal, sagt sie dazu, normales Berlin, normale Stadt, normales Haus. Gerade hat die Schwester aus Altenburg geschrieben, die Nichten haben Schulfaschingsball, da ist es ganz anders, hier ist es eben normal. Aber woran ich mich unheimlich gewöhnt habe, sagt sie und beugt sich zu mir herüber: Ich fühle mich freier.

Das hat sie geflüstert und mich gebeten, ihr von meinem Text einen Durchschlag zu überlassen. Zu zweit könnten sie sich das zu Hause in Ruhe noch einmal ansehen.

Parterre

RECHTS
BACKWAREN

Der Ladenraum ist klein, Platz für acht Kunden, sonst geht die Tür nicht auf.

Das ist keine Konditorei, sondern ein Bäcker für Brot, Weißbrot, Schrippen und die einfachen Kuchen, die man nicht vergißt, weil man sie als Kind in Augenhöhe vor sich hatte. Ein paar Torten sind auch noch da.

In der Zeit, als ich in dem Haus die Gespräche führte, habe ich hier oft Brot und Kuchen gekauft. Wenn es ein trauriges Gespräch war oder wenn mir plötzlich der Mut fehlte, an einer fremden Tür zu klingeln, erinnerte ich mich an den tröstlichen Brotgeruch und ging in die Bäckerei. Als ich dann den Laden betrat, um Fragen zu stellen, endete die Verzauberung. Die alte Frau hinterm Ladentisch ist nicht, wie ich geglaubt hatte, die Chefin. Die Chefin steht in der Tür zum Backraum, jung, mit blondem Pferdeschwanz, müde.

Sie fragt, ob ich mir nicht eine größere Bäckerei suchen sollte, mit modernen Geräten. Dann sagt sie: Sie müssen das Gitter nach innen drücken.

Hinter dem Ladentisch ist erstaunlich viel Platz, die Grünpflanzen auf der Vitrine, die mir nie aufgefallen waren, sehen von dieser Seite wie Palmen aus.

Ein winziger Flur trennt die Backstube vom Laden, dort steht der Bäcker und friert, hebt lasch die Hand als Begrüßung. Er hat ein Uhr nachts zu arbeiten begonnen, zwölf Uhr mittags im Espresso an der Ecke ein kaltes Schnitzel gegessen, danach geschlafen bis drei Uhr nachmittags, wird sieben Uhr abends wieder schlafen gehen, 23 Uhr aufstehen und dann bis sieben Uhr morgens arbeiten.

Am Ofen ist ein Holztrog mit Teig warm gestellt, daneben vier Töpfe. Darin liegen auf Zucker, Mehl oder Milchpulver große Klumpen Margarine oder Butter – für Tortenböden, Krem oder Pudding. Der Bäcker erklärt es gelangweilt, schüttet Mehl auf Sauerteig, wirft Hefe in zwei Plasteeimer, gießt warmes Wasser darauf, stellt die Eimer ebenfalls neben den Ofen und murmelt: Das werden die Schrippen.

Die Wannen mit dem Mehl heißen Beuten, eine Beute voller Roggenmehl, eine Beute voller Weizenmehl, die Bretter darüber sind Arbeitsplatten. Aus den Wänden ragen Metallstangen, darauf liegen Brotbretter, lang und schmal, mit abgenutzten, ausfasernden Kanten. Die Bretter sind aus Pappelholz, das ist den Bäckern das liebste Holz, denn es ist leicht, sagt der Bäcker und streicht mit seiner mehligen Hand darüber.

Wie alt die Bretter sind, weiß er nicht, so alt wie alles hier in dem alten Ding.

Seine Frau kommt herein, beide überlegen, wie alt die Bäckerei sein könnte, sie sind erst seit zwei Jahren die Besitzer, kaum hatte der Vorgänger verkauft, flog der Ofen auseinander – vierzig Jahre könnte sie alt sein, die Bäckerei.

Die Bäckerei ist achtundachtzig Jahre alt, sage ich, ich weiß es aus den Bauakten. Sie hat ein besonderes Renommee: Hier wurde immer gebacken. Sogar während der Schlacht um Berlin, als die Rote Armee schon in der Nebenstraße stand. Die Leute von Prenzlauer Berg mußten für jedes Brot noch einen Aufschlag zahlen – einen Eimer Wasser.

Das Ehepaar B. hört diese Geschichte zum erstenmal, die Frau lächelt überrascht, der Mann streicht sich den Bart, das alte Ding ist also noch älter, als sie gedacht hatten, aber sie

hätten auf jeden Fall gekauft, sie hatten ja schon die Wohnung hier im Haus.

Sehen Sie bloß nicht so genau hin. Was wir hier geschrubbt und gestrichen haben! Die Frau seufzt, nur im Verkaufsraum habe sich ihre Mühe gelohnt.

Sie hätten sich auch mehr Geld versprochen, eigentlich habe jeder genausoviel wie vorher: tausend Mark im Monat.

Der Mann nickt dazu, war vorher Geselle bei einem Privatbäcker. Hat er nicht gewußt, was ein Bäcker verdient?

Nein, und mit Brot sei ja auch kein Geld zu verdienen.

Für Brot zahlt der Staat einen Zuschuß, die Berliner wollen Bäckerbrot, ohne Brot kriegt man keine Stammkundschaft zusammen, das sind ja richtige Brotjäger!

Der Bäcker spricht von seiner anspruchsvollen Kundschaft und der großen Konkurrenz in Prenzlauer Berg so eindringlich, daß ich ihn fragen muß: Und Sie backen also den Streuselkuchen noch mit reiner Butter?

Nur mit Butter! – Er trägt mit beiden Händen einen Eimer heran, dem fehlt der Henkel, ich soll kosten oder wenigstens riechen – es riecht nach Butter.

Solche Brotjäger kennen wir nicht, sagt nun die Frau, mit »wir« sind die Leute in Burg gemeint, Burg bei Magdeburg, aus dieser Stadt kommen die beiden.

Herr B. hat als Kind in einer Backstube zugesehen, die Eltern wohnten über der Bäckerei, der Junge wollte Maler werden, bekam keine Lehrstelle, ging zurück zu dem Bäcker, nun wird er als Bäcker sterben, einverstanden, nur: Andere bauen Häuser, die bleiben, seine Arbeit wird immer weggefressen.

Tatsächlich, Frau B., die eigentlich im Laden verkaufen müßte, steht immer noch bei uns, man hört Leute die Ladentür öffnen und wieder schließen, die Regale sind leer – ausverkauft.

Wollen wir zumachen, Peter, sagt die Frau, und der Mann nickt.

Frau B. läßt die Rolläden herunter, der Mann zieht eine Jacke über, ein seltsam stiller Mann, groß und schmal, mit einem kurzen Vollbart, den Ingenieure und Lehrer zur Zeit gern tragen.

Zu dritt gehen wir aus der Backstube, Herr B. trägt ein Glas Pfirsichkompott, wir haben wenig miteinander gesprochen, ein Freitagabend. Ich verabschiede mich, aber Frau B. fragt, ob wir nicht weiterreden könnten, und bestreitet, müde zu sein.

Der Mann ginge jetzt schlafen, und sie müßte ohnehin bis elf Uhr nachts wach bleiben, um ihn zu wecken. So bleiben wir im Haus und steigen die Treppe zur ersten Etage hinauf.

1 Treppe

LINKS
Erika und Peter B.

Hinter der Tür Hundegebell. Achtung, sagt Herr B. beim Aufschließen, jetzt kommen die Tiger!

Zwei Pudel stürzen heraus, rasen das Treppenhaus einmal hoch und runter, zurück in den Flur, hecheln und winseln, bis die Frau die Tür zum Wohnzimmer öffnet, da jagen sie über Teppiche und Polstermöbel, schließlich wirft sich der eine auf den Fußboden, der andere bleibt hoch auf der Sofalehne stehen und fixiert uns. Frau B. erklärt, der Hund, der da seinen Weihnachtsteller mit Westschokolade bewacht, das sei die Julka.

Der Teppich unter dem Wohnzimmertisch ist weiß und dick. Um keine Schmutzspuren zu machen, hebe ich eine Teppichecke und stecke die Füße darunter, dabei sehe ich, daß Frau B. das auch getan hat.

Der Mann deckt den Tisch und kocht Kaffee, stark wie doppelter Mokka, trinkt selbst zwei große Tassen davon und sagt, danach könne er trotzdem schlafen, bleibt aber sitzen.

In der ersten Etage haben die Fenster halbrunde Bögen, in dieser Wohnung hängen helle Samtvorhänge mit Goldborte davor, das paßt zu der Schrankwand aus hellem Holz und den Gläsern mit Goldrand, die darin stehen.

Dafür haben wir jahrelang gearbeitet, sagt Frau B., für die Wohnung, so einfach ist das nicht, wenn man drei Kinder hat.

Sie erzählt von den Kindern, der jüngste Sohn sei 13, der älteste 19 und arbeite schon.

Tiefbauer, sagt der Vater und seufzt. Begabter Junge eigentlich, aber alles Reden hätte nichts genutzt. Von allem, was es auf der Welt zu wissen gäbe, wüßte der Sohn immer nur eines: Welche Fußballmannschaft in welcher Aufstellung an welchem Ort der Welt mit welchem Ergebnis gewonnen oder verloren hat. Interesse am Sinnlosen! Die Tochter, die sei vernünftig, fleißig, würde Bauingenieur, aber der Kleine, wieder intelligent und faul, Betragen vier, mein Gott, die Koppzensuren, das wird doch wieder nichts.

Aber Schuld der Schule sei es auch, sagt die Frau, solange sie mit den Kindern in Burg gewohnt habe, hatte der Große nur Zweien und Einsen, da habe sie noch geglaubt, mit der Schule könnte es bei ihren Kindern gar keine Probleme geben. Beim Umzug nach Berlin sei der Junge in der vierten Klasse gewesen. In der neuen Schule bekam er einen strengen Lehrer, mit dem er sich so verfeindete, daß Frau B. den Jungen für ein Jahr zu ihren Eltern schickte. In Burg habe er wieder seine guten Zensuren bekommen, in Berlin dann sei ihm die Schule aber wieder verhaßt gewesen, und so sei es geblieben.

Der Mann hält den Kopf gesenkt und schweigt.

Frau B. auf dem Sofa spricht und streichelt den Hund Julka, ohne hinzusehen. In Burg war sie Horterzieherin, die Kinder seien gern geblieben und noch gekommen, als sie für den Hort schon zu groß waren. Dann spielten sie mit den Kleineren, jedes Stück Altpapier wurde gesammelt, weil Frau B. von dem Geld Ausflüge bezahlte, und schwierige Kinder gab es nicht. So eine Idylle war das in Burg – zumindest in der Erinnerung. Warum hat sie den Hort aufgegeben? In der Kleinstadt hätte ich mich nie scheiden lassen, sagt Frau B., und der Mann nickt.

Ja, obwohl sie aus der gleichen Stadt kommen, im Kindergarten in der gleichen Gruppe waren und in der Schule ein

Liebespaar, hat jeder erst einmal einen anderen geheiratet. Vor zehn Jahren sind sie sich wieder begegnet, er hat ihr angeboten, mit den Kindern nach Berlin zu ziehen, in sein Wochenendhaus, da wohnte er, weil er gerade geschieden war. Damals waren sie beide 27 Jahre alt.

Frau B. erzählt, wie schrecklich ihr Berlin erschien, schmutzig, unfreundlich, endlos die Zeit in dem winzigen Häuschen zu fünft, wie sie bei der KWV um eine Wohnung gekämpft hat und nach zwei Jahren beide Seiten etwas gewonnen hatten: Frau B. eine Ausbauwohnung und die KWV eine Mitarbeiterin. Ich habe ihnen gesagt, ich würde es besser machen, da haben die gesagt: bitteschön!

Und bitteschön, ich habe es gut gemacht, sagt Frau B. Berlin gefiel ihr glänzend seitdem.

Der Mann sagt: Weil sie dir einen Revolver gegeben haben, um die Miete zu kassieren.

Das auch, sagt Frau B., Prenzlauer Berg sei doch verrufen bis sonstwohin, nie hätte sie hierher gewollt, und dann habe sie nicht nur eine Wohnung in der Gegend bekommen, sondern auch die Aufgabe, sich um andere Wohnungen zu kümmern, die ersten, zweiten, dritten Höfe und ihre Hinterhäuser zu besichtigen, reinzugehen, Wohnungen zu öffnen. Eine Berlinerin ist sie dabei nicht geworden, sie sagt immer noch: die Berliner.

Die Berliner sind hektisch, sie stellen sich wegen einer Schrippe an, die Berliner sind verwöhnt, sie haben alle Westverwandtschaft, und man muß ihnen die richtige Antwort geben, wenn sie zu frech werden. Das hat Frau B. bei der KWV ja gelernt, Gott sei Dank.

Für die Bäckerei erledigt Frau B. die Buchführung und den Verkauf: Ich bin der Organisator.

Und ich führe es aus, sagt der Mann über den Tisch.

Bei uns ist das zum Beispiel so: Wir machen unseren Laden früh halb sechs schon mal kurz auf, da kommt eine Oma, die nachts nicht schlafen kann und den Leuten aus ihrem Haus morgens um sechs die ersten Brötchen bringt, die geht auch für uns manchen Weg, dafür schicken wir ihr zum Geburtstag einen Blumentopf rüber.

Die Geschichte mit der Oma gefällt Frau B., sie erzählt noch mehr Idyllen aus Prenzlauer Berg, der Mann schweigt.

Ich trinke aus einer teuren Tasse, Frau B. hat sie aus dem verglasten Teil der Schrankwand genommen, wo auch Kristall und Kognakschwenker glitzern. Die Getränke dafür stehen auf einem Wägelchen neben meinem Sessel, das Sortiment erstaunlich für Leute ohne Westverwandtschaft, ebenso die Tapete hinter dem Sofa – Foto eines Birkenwaldes, drei mal vier Meter groß; daran habe er sich totgeklebt, sagt Herr B., nie wieder. Da springt der Hund Julka wieder auf die Sofalehne, um den Weihnachtsteller zu beschützen, jemand hat die Wohnungstür geöffnet.

Der große Sohn steht in der Tür, der Tiefbauer, Jeanshose, Jeansjacke, fragt: Was kommt denn heute?

Du hast doch deinen eigenen Fernseher, sagt die Mutter.

Hier ist es schöner, sagt der Vater, steht auf und setzt den Apparat in Gang. Auf dem Bildschirm erscheint ein roter Vorhang, ein schwarzes Klavier, ein Klavierspieler mit gelbem Gesicht. Einen Augenblick steht das Bild, dann schaltet Herr B. die Programme durch, nichts Bemerkenswertes ist dabei, das war noch das beste, der rote Vorhang, das schwarze Klavier, der Junge winkt ab, gibt jedem von uns die Hand und geht, im Nachbarhaus hat er eine Ein-Zimmer-Wohnung. Peter B. schaltet den Apparat aus, es ist neun Uhr abends, er will noch zwei Stunden schlafen.

Frau B., allein geblieben, spricht über die Zukunft. Zehn Jahre wollen sie das Geschäft behalten, die viele Arbeit, danach an den Stadtrand ziehen, sich andere Arbeit suchen, gut leben.

In der Wohnung ist es still, der kleine Sohn war irgendwann durch den Flur gehuscht, ohne hereinzukommen, die Tochter ist auf einer Klassenfahrt.

Frau B. sitzt vor dem zusammengeklebten, herbstgoldenen Birkenwald und erzählt von sich. – Sie hat einmal Pionierleiterin gelernt, aus Trotz, weil die Mutter verhindert hat, daß sie Kindergärtnerin wurde. Pionierleiterin ist sie nicht geblieben, das war ihr zu politisch.

Im Flur, während ich meinen Mantel anziehe, kann ich die Küche sehen, sie ist doppelt so groß wie sonst in diesen Wohnungen. Frau B. sagt, sie hätten die Wand zu dem halben Zimmer herausgenommen, um eine Wohnküche zu haben, sie freut sich darüber, daß es mir gefällt, und erklärt, wie sie auf die Idee kam, die Möbel gerade so zu stellen. Dann sagt sie wieder: Das ist alles neu.

In der Vertrautheit der Küche erzählt sie ihre Ehegeschichte, die Geschichte vom untreuen Mann und der stolzen Frau, die nie mehr wiederkommt und nur die Kinder mitnimmt, sonst nichts, nicht einmal ein Handtuch. Heute ist das ja überall, sagt sie später im Flur, die Trennungen.

Die Hunde laufen vor uns die Treppe hinunter, auf der Straße springen sie wie die Bälle, noch von weitem höre ich, wie Frau B. ihre Namen ruft, sie steht im Schein einer Laterne, friert und wartet.

1 Treppe

MITTE
Rita U.

Als ich hier zum erstenmal klingelte, öffnete eine Frau im Morgenrock, aus ihren umständlich gestammelten Erklärungen ging hervor, daß sie krank sei, erkältet, aber durchaus zu einem Gespräch bereit, sehr gern sogar, nur später, wenn es ihr besser ginge.

Wir vereinbarten einen Termin. Kaum hatte ich den aufgeschrieben, zog sie mich am Arm und bestand darauf, daß ich doch für einen Augenblick hereinkommen sollte.

Im Wohnzimmer lief der Fernsehapparat, Volkstanzgruppen im Vormittagsprogramm, der Apparat stand in einer polierten Schrankwand, und in einem Sessel direkt davor saß ein Mann. Er saß da im Mantel und sah mich gespannt an.

Ungerührt von der Neugier des Mannes sagte die Frau, daß sie noch nicht gewaschen sei und auch schönere Morgenmäntel habe, nur sei dieser der wärmste, und erst als der Mann unruhig wurde, stellte sie mich beinahe feierlich vor: Sie schreibt.

Von diesem Augenblick an wurde der Mann freundlich, er sprang auf, um mir den Mantel abzunehmen, rief, er werde uns Kaffee spendieren, und verschwand. Die Frau ging zu ihrem Krankenlager, einer Couch mit aufgeschlagenem Bettzeug, bot mir Zigaretten an und sagte, als ich ablehnte, daß sie vor zwei Jahren auch noch nicht geraucht hätte. Sie nahm eine Wodkaflasche und drei Gläser aus der Schrankwand, stellte sie auf den Tisch und legte sich dann, ohne den Morgenrock auszuziehen, wieder hin.

Als der Mann den Kaffee gekocht hatte, saßen wir zu dritt um den Sofatisch herum, das Fernsehbild hatte sich verzerrt, die Frau schien es nicht zu bemerken, sie goß uns Wodka ein, der Mann lehnte ab, er begann zu erzählen und starrte dabei feindselig in seine Kaffeetasse.

Ebenso wie Rita – Blick zu der Frau im Bett –, meine Kollegin, arbeite ich seit kurzem in einem Klubhaus, habe dort aber weder Geld noch ein eigenes Zimmer für die Kulturarbeit, denn der Gaststättenbetrieb des Klubhauses bestimmt über das Geld und die Räume, bestellt Kulturprogramme bei der Konzert- und Gastspieldirektion und hält mich für überflüssig! Sie wirtschaften in ihre Tasche, aber ich habe eine politische Aufgabe!

Vor einer Stunde hat mir der Gaststättenleiter gesagt: Herr N., Sie wissen doch, für Sie sind der Montag und der Dienstag frei.

Er hatte ihn auf die Straße gesetzt!

Die Ökonomie geht vor, rief der Mann, natürlich, sonst hätten die ja nicht alle ihre dicken Autos. Die Frau nickte dazu und ließ sich wieder Wodka ins Glas laufen, bis er den Kopf hob und betont ruhig sagte: Du trinkst zuviel.

Die Frau begann, sich aufgeregt zu rechtfertigen, und fiel ihm fortan, während er seine Misere ausbreitete, dauernd ins Wort: Das ist es doch: Korruption! Der Wohlstand! Was hatten wir für Ideale! Wieviel Zeit haben wir geopfert!

Dem Mann war das unangenehm, er wollte sich in seiner Materialsammlung für den Staatsanwalt nicht stören lassen, betonte nun aber auch, daß er durchaus den Mut nicht verloren hätte, er werde den Marsch antreten, und es sei eben Kleinarbeit an der Kulturfront, da dürfe man nicht pessimistisch werden.

Die Frau wurde lauter, gib es doch zu, sei ehrlich, als Genosse muß man immer dasein, immer unterwegs, Berichte schreiben, die anderen lachen über uns, die Kinder machen uns Vorwürfe. Sie war den Tränen nahe, und ich sah, daß es dem Mann peinlich war.

Er gab mir seine Adresse, vielleicht könnte ich über das Problem einmal schreiben, im Rahmen der Möglichkeiten natürlich, und verabschiedete sich.

Als er bereits im Mantel vor ihr stand, sagte sie noch einmal leise: Doch, Gerhard, eine Ehe leidet darunter.

Dann waren wir allein, die Frau drehte am Fernsehapparat, schaltete aber nicht aus, sondern versuchte nur, das Bild wiederzufinden, und entschuldigte sich für den schlechten Empfang.

Sie wechselte das Tischtuch, es sind Flecken von den Pampelmusen darauf, die die Kinder gestern gegessen haben, sie essen sie mit Zucker, sagte sie, bat mich, noch etwas zu bleiben, und bot wieder Wodka und Zigaretten an. Erinnerte sich dann und wiederholte, daß sie vor zwei Jahren auch anders gelebt habe. Bis vor zwei Jahren hätte sie nicht einmal gewußt, wie eine Kneipe von innen aussieht, aber wen sie da unten an der Ecke schon alles getroffen hat! Sie lachte laut und war dann wieder still.

Als ich mich verabschiedete, stand sie aus dem Bett auf, schnürte den Morgenrock in der Taille eng zusammen und zog mit großer Geste den Vorhang auf, der – in einen Rundbogen eingehängt – den Flur teilt. Über allen Türen zwischen Eingang und Vorhang sah ich solche gemauerten Rundbögen. Wir haben viel Geld in die Wohnung gesteckt, sagte sie, und wir vereinbarten, miteinander zu reden, wenn es ihr besser ginge.

Ich kam mehrmals und traf niemanden an, aber das Namensschild war noch dasselbe. Erst ein halbes Jahr später öffnete sich die Tür wieder. Ein junges Mädchen stand da, mit sehr schönen, klaren Zügen, die Haare straff nach hinten frisiert, sah mich kühl an und, als ich nach Frau U. fragte, schüttelte den Kopf: Die wohnt hier nicht.

Im Flur mit den vielen Rundbögen stand ein Kinderwagen.

Sind Sie die Tochter?

Ja, und? Ich wohne jetzt hier. Die ist ausgezogen. Wir wissen nicht, wo sie ist, und wollen es auch nicht wissen.

1 Treppe

RECHTS
Stefan und Regina S.

Geburtstagsfeier im vierten Stock, ich bin eingeladen, es ist laut und halbdunkel, ein Junge in flauschigem Pullover öffnet Rotweinflaschen, schenkt aus. Du, schreib mal richtig aus dem Arbeiterleben, sagt er zu mir. Welches Arbeiterleben meint er?

Fernmeldeamt, ich schließe Telefone an, deins habe ich auch gelegt. Ich halte das für Angabe. Na hör mal, sagt er, rechts der weiße Vorhang im Flur, weiß ich doch noch genau!

Der Junge heißt Stefan, wohnt mit Frau und Sohn im gleichen Haus, wir vereinbaren ein Gespräch. Zwei Wochen später öffnet eine Treppe rechts ein kleiner Junge, Stefans Sohn Robert, zwei Jahre alt, zieht einen Roller hinter sich her.

Erstaunlich, die Wohnung, zu teuer für so junge Leute. Die Sessel, in denen wir sitzen, kosten 3 500 Mark, wir sind nicht typisch, sagt Stefan, unsere Eltern haben uns viel geholfen. Seine Frau Regina ist schwanger, achter Monat, setzt sich links von mir in einen Sessel, legt die Hände auf den Bauch, Stefan sitzt rechts von mir, ich erinnere an das Thema: Arbeiterleben im Telefondienst. Stefan erzählt, ich schreibe in Stichpunkten mit.

Klingeln – Warten – Spannung.

90 Prozent freuen sich. Manche freuen sich, daß sie das noch erleben.

Vom größten Getto bis zu fürstlichen Häusern ist alles dabei. Man sieht sofort, was das für eine Wohnung ist.

Viel Geld: um so unsympathischer sind die Leute.

Altbau: herrlich, jede Wohnung anders, Kaffee, erzählen, das gibt mir was.

Am besten: Rentner und Asoziale.

Neubau: nischt ist mir ekliger, als wenn ich morgens sehe, 15 Anschlüsse in Neubauten, Arbeit ist leichter, aber alles gleich – die Anschlüsse, die Wohnungen, die Leute auch, fragen alle dasselbe.

Die 10 Prozent, die sich nicht über ein Telefon freuen, erklärt mir Stefan, erhalten es dienstlich, betrachten es als Selbstverständlichkeit und behandeln ihn wie einen Butler. Asozial nennt er Menschen, deren Wohnung dreckig, mistig, verkommen ist und die den Eindruck von Alkoholikern machen, solche seien immer sehr, sehr nett, ebenso die Rentner. Solche Leute erzählen viel, sind arm, geben das meiste Trinkgeld.

Stefan verdient im Monat 600 Mark netto.

Über Trinkgeld sagt er: Wir sind angewiesen darauf. In Gaststätten gibt man doch auch, da ist es die größte Selbstverständlichkeit!

Ich erinnere ihn daran, daß ich ihm kein Trinkgeld gegeben hatte, ich war gar nicht auf die Idee gekommen, daß er welches erwarten könnte.

Er nickt, er könne sich erinnern, sei aber bei mir irgendwie nicht sauer gewesen, weil wir uns so gut unterhalten hätten. Dann zählt er auf, welche Berufsgruppen mit wieviel Trinkgeld rechnen. Wenn das stimmt, kommt da eine Lawine auf uns zu.

Regina gibt mir recht, Stefan sagt, im Prinzip sei er natürlich auch dagegen, aber warum sei sein Gehalt so niedrig?

Außerdem sei man schon deshalb aufs Trinkgeldnehmen angewiesen, weil man auch ständig welches ausgeben muß. Zum Beispiel die Sesselgarnitur, in der wir sitzen! Fürs Besorgen hat Stefan hundert Mark gegeben, nur hundert, weil es ein Kumpel war, der die Beziehungen hatte. Von einem anderen weiß er, daß der hundert West zahlen mußte, um solche Sessel überhaupt zu sehen!

Außerdem brauche es ja nicht viel zu sein, das Trinkgeld, manchmal sind uns fünf Mark lieber als zwanzig, wenn man sieht, daß der Mensch sie aus Dankbarkeit gibt.

Na hör mal, sagt Regina, das ist schließlich deine Arbeit, was redest du andauernd von Dankbarkeit?

Ich nehme auch ohne Dankbarkeit, sagt Stefan gekränkt, außerdem hast du dich noch immer gefreut. Und ich habe auch schon Trinkgeld abgelehnt.

Frage: Wie gibt man Trinkgeld richtig?

Antwort: Man sieht den Monteur offen an, legt einen Schein in seine Hand und sagt: Das ist für Sie.

Regina ist Krankenschwester auf einer Entbindungsstation, nimmt ungern Trinkgelder, weil sie sich dann fühlt, als ob die Patienten sie eingekauft hätten. Sie verdient ebenfalls 600 Mark netto, und das bei Dreischichtbetrieb, Arbeit hat sie genug, jetzt allerdings Urlaub, weil sie bald entbindet, auf der eigenen Station. Regina hat die Hände auf ihren kleinen, dicken Bauch gelegt, lächelt, aber die Augen sind ernst.

In vier Wochen werden die beiden zwei Kinder haben, und das mit 22 Jahren, wollten sie das so?

Jawohl, sagt Regina, das wollten wir.

Sie selbst hat sechs Geschwister, Stefan vier, der kennt det ooch. Wobei nur zwei davon echte Geschwister sind. Reginas Mutter war gestorben, der Vater heiratete eine Frau mit vier Kindern. Tolle Eltern, sagt Regina, wie die sich geliebt haben, wie die uns geliebt haben, haben uns politisch erzogen, leben für ihre Arbeit, richtige Genossen.

Stefans Vater ist Arzt, die Mutter Hausfrau, seine vier Geschwister haben Medizin studiert.

Ich verstehe nun, warum er so gerne »Arbeiterleben«

sagt. Er ist der einzige Arbeiter in der Familie. Kein richtiger Arbeiter, sage ich.

Er fühle sich aber als Arbeiter!

Welches Gefühl hast du dabei?

Er denkt nach und sagt: Ich habe das Gefühl, daß über mich verfügt wird.

Dann ist er irritiert von der eigenen Antwort, Regina sieht ihn befremdet an: Das liegt doch in deiner Hand!

Du brauchst doch nur besser zu arbeiten!

Meinst du, ich soll mich qualifizieren? Dann gehöre ich zur Leitung.

Als Arbeiter kannst du ja gar nicht mehr wissen als die Leitung. Worüber willst du also verfügen? Außerdem, dir gefällt ja der Trott!

Stimmt schon, bequemer ist mir, wenn ich nichts zu sagen habe.

Ihr könnt mehr sagen als wir im Krankenhaus.

Stimmt, wenn uns was nicht paßt, dann sagen wir es gleich, aber irgendwie kommt mir das vor wie Narrenfreiheit.

Was willst du denn?

Weiß ich nicht. Ich habe ja nur gesagt, wie ich mich fühle.

Regina zuckt ärgerlich mit den Schultern. Fühlst du dich anders, nicht so eingeschränkt, frage ich Regina.

Sie wendet mir den Kopf zu, das Gesicht einer Porzellanpuppe mit riesigblauen Augen: *Doch!* Im Mitspracherecht auf jeden Fall!

Unser neuer BKV* liegt beim Chefarzt, *ein* Exemplar für die ganze Klinik!

Regina hat ihn nicht gelesen, weiß aber, daß er Verbesserungen für die Patienten enthält, Wecken von 4 auf 6 Uhr

* Betriebskollektivvertrag

verschoben, wie die Schwestern die Arbeit schaffen sollen, habe keiner gefragt, jedenfalls habe Regina nichts von einer Diskussion bemerkt. Auf der Neugeborenenstation ist Rauchverbot, seitdem ein nichtrauchender Arzt sie leitet, und in den Frühstückspausen muß neuerdings eine Schwester auf Station sein, obwohl die Frauen in der Zeit die Kinder haben und gar nichts brauchen. Die muß dort nun mutterseelenalleene frühstücken, da wird sie nicht gefragt.

Na, das ist ja eine schwache Kür von eurem Vertrauensmann, sagt Stefan. Regina winkt ab.

Aber, und nun setzt sie sich aufrecht in die Kissen, so wie in Polen, so ginge das auch nicht. Was wollen die denn mit den ewigen Streiks, ohne Disziplin geht gar nichts, keine Wirtschaft, keine Ehe, ja, die Ehe auch nicht! Wenn wir uns nicht angleichen, dann können wir gleich auseinanderrennen, mir gefällt auch manches nicht, und ich muß es schlukken. Mach ich auch!

Stefan nickt, wenn er an Polen denke, dann sei ihm nicht geheuer. Die reißen uns noch rin, sagt er, ick weeß nicht.

Der Sohn kommt, legt Regina den Kopf auf den Schoß, sie streichelt ihn, wir trinken Kaffee und Apfel-Korn, selbstgemacht, mit einem Schuß Apricot-Brandy.

Die Likörgläser sind aus Kristall, die Apfel-Korn-Karaffe auch, Hochzeitsgeschenk – wir haben wirklich viel bekommen, sagen beide. Zur Hochzeit kamen 80 Mann, es war ein Gartenfest im Mai, am nächsten Tag fuhren sie an die Ostsee, Stefans Eltern haben dort ein kleines Haus.

Der Sohn stört Regina beim Trinken, er greift nach ihrem Glas, sie muß es mit beiden Händen festhalten. Zu Kindern haben die im Westen gar keine Meinung, sagt sie dabei, Kinder planen die erst ab dreißig.

Woanders hätte man vielleicht auch erst mal gejobbt, Welt angeguckt, sagt Stefan, und...

Hätte ich auch viel lieber gemacht, sagt sie, aber wenn es nicht geht? Und wenn ich hier so in Ruhe bin und das Soziale ist alles gesichert, die Bahn meines Kindes, dann finde ich das auch schön.

Regina erklärt mir, daß sie erst vor kurzer Zeit geheiratet hätten, die Zeit davor hätten sie bewußt als Probezeit betrachtet, trotz des Sohnes. Unverheiratete Mütter bekämen volles Krankengeld, wenn das Kind krank wird, daher heiraten viele nicht, aber die müßten dann eben auch auf den Ehekredit verzichten. Der Kredit ist zinslos (5000 Mark), bei zwei Kindern wird die Hälfte des Geldes erlassen. Als »junge Ehe« bekommt man auch schneller eine Wohnung, diese haben sie seit drei Monaten – drei Zimmer, Küche, Bad. Weil der Kredit an die Anschaffung von Hausrat gebunden ist, haben Regina und Stefan ihren Eltern Kühlschrank und Waschmaschine gekauft, dafür das Geld bekommen und konnten sich bald darauf einen alten Wartburg leisten!

Wir haben wirklich Glück, sagen beide gleichzeitig, und das klingt wie eine Entschuldigung.

Der Sohn zwischen den Sesseln ist weinerlich und müde geworden, niemand schimpft, Regina streichelt ihn, führt ihn schließlich ins Bad, trägt ihn gewaschen und gefüttert noch einmal herein zum Gute-Nacht-Sagen, in einem Blümchenschlafanzug und nach Seife und gebügelter Wäsche riechend.

Stefan führt die Unterhaltung weiter, er ist der Gastgeber und erzählt, daß der Betrieb ihn zum Studium delegieren will, Nachrichtentechnik, er wird ablehnen, weil er mit Studium nie wieder in den Außendienst kommt. Seine Nase ist kurz, stupsig, wenn er so redet, erinnert er mich an den Schusterjungen aus dem »Berliner Volkskalender«, und es paßt ja auch: Außendienst, Übersicht, Blick für Leute – damals trugen sie Schuhe aus, heute könnten sie mit dem Telefon vor der Tür stehen.

Regina kommt zurück, setzt sich wieder in ihren Sessel, legt die Hände wieder auf den Bauch. Wir reden weiter, irgendwie kommen wir auf Abrüstung.

Was kann der einzelne tun?

Nichts, sagen beide.

Nur eine Volksbewegung kann die Menschheit retten, sagt Stefan.

Das wird nie sein, sagt Regina.

Vielleicht doch, sagt Stefan.

Das wäre Revolution, sagt Regina.

2 Treppen

LINKS

An der Tür Spuren abgeschraubter Namensschilder, durch das Schlüsselloch sehe ich Sonne in die Wohnung scheinen, alle Türen zum Flur drinnen stehen offen, hier wohnt niemand mehr.

Ich klingle an der Tür gegenüber, höre nichts, dann doch ein Schlurfen, und es öffnet sich die Tür der Mittelwohnung – einen Spalt breit.

2 Treppen

MITTE
Liselotte F.

Der Bewohner sieht mich mißtrauisch an, Fünf-Zentimeter-Streifen von einem älteren Gesicht, jetzt verrutscht sein Haaransatz, eine Frau mit Perücke, öffnet die Tür, hat mich erkannt. Ach, Sie sind es, die schon mal bei Bruno war, eine Treppe höher. Aber hier sind alle tot, sieben auf der Etage, und ich bin die achte, wollen Sie nicht reinkommen?

Frau F. öffnet die Tür, humpelt vor mir her, setzt sich auf den ersten Stuhl am Wege, der steht direkt vor der Vitrine mit Glas und Geschirr. Alle tot, sagt die Frau, das ist nicht zu fassen. Zuerst auf der rechten Seite von Max die Schwiegermutter, dann von Max die Frau, dann links die ganze Familie R. – da starb zuerst die Mutter, dann er, Frau R. klingelte bei Frau F., ihr war so unheimlich, der Mann kam aus dem Keller gar nicht mehr hoch, da lag er, Frau F. hat ihn noch umgedreht, er ist gleich ins Schauhaus gekommen, kurz danach die Frau R.: will bei FIX über die Straße, die Leute sagen noch: Gehen Sie nicht, sie geht, wird vom LKW erfaßt, kommt auch ins Schauhaus, das war Nummer drei – dann Max: hat einen Tag vor seinem Geburtstag den dritten Schlaganfall, und nun im Dezember Frau O., die wegen der Rekonstruktion aus der Dunckerstraße herzog, als die Frau R. tot war. Und jetzt bin ich die letzte übrig, sagt Frau F. und rückt an ihrer Perücke.

Ich bin 78, sagt sie, und Mutter wäre heute schon wieder 102 Jahre alt geworden! Ist das denn zu fassen?

Auf dem runden Tisch neben mir steht ein Blumentopf

mit einer Blattpflanze, deren Blätter hängen bis auf die Tischdecke, vor dem Topf steht das Foto einer alten Frau, mit dem Gesicht einer Bäuerin. Sie war eine Seele von Mensch, sagt Frau F.

Wunderlich sei das mit den Geburtstagen.

Der Max nebenan ist am 29. 9. gestorben, das war sein achtundsechzigster Geburtstag, gut zu merken, weil Frau M. aus dem Haus am 28. 8. Geburtstag hat. Der Bruder von Frau F., der in Bayern wohnte, feierte noch seinen zweiundsiebzigsten Geburtstag am 11. 5. 79, drei Tage später Schlaganfall, Krise am neunten Tag, das war der 23. 5., der Bruder starb, und das nun wieder zwei Tage vor dem Todestag der Mutter, die ja am 25. 5. gestorben war, und nun Frau O. von nebenan.

Die soll eine kleine, dicke Maschine gewesen sein, ihr Sterbetag war der 16. 12. An diesem Tag hat Frau F. ihr Milch und Selters gekauft, auch Brot, weil die Nachbarin sich nicht gefühlt hat. Abends halb sechs bringt Frau F. der Frau O. die Sachen rüber, da ruft die von der Toilette: Helfen Sie mir doch, ich komme nicht hoch! Frau F. führt Frau O. durch den Flur, an der Küchentür fällt die um wie ein Stock. Frau F. sagt: Um Himmels willen, Frau O., was machen Sie bloß! Dann läuft sie hoch zu Herrn G., der telefoniert nach einem Arzt, und sie geht wieder die Treppe runter zu Frau O. Die liegt da wie zuvor, aber Frau F. sieht etwas: Erst krallt sich die linke Hand zusammen, dann mit einemmal die rechte. Das war wohl der Tod.

Diese Frau O. bereitete auch gerade ihren Geburtstag vor, aber als die Freundin aus Babelsberg angereist kam, kam sie gerade recht, um den Haushalt aufzulösen, brauchte dazu sechs Wochen, ging täglich zu Frau F. Kaffee trinken und hat nicht gespürt, daß sie Frau F. auf die Nerven ging, weil die das viele Gerede nicht gewöhnt war, sie war Alleinsein gewöhnt!

Ich frage nach den Berufen der sieben Gestorbenen aus den Wohnungen rechts und links, aber Frau F. kann sich nicht erinnern, wundert sich darüber, schließlich erklärt sie es damit, daß man sich ja nur nach der Arbeit gesehen habe. Sie selbst war Angestellte bei AEG, ihr Vater war dort Einrichter, der Betrieb heißt heute EAW Treptow, als Sachbearbeiterin für Materialverbrauchsnormen ist sie in die Rente gegangen, den Beruf könne man sowieso keinem Menschen erklären. Immer rechnen, sagt sie, hat Spaß gemacht.

Immer rechnen, aber immer allein gewesen, Enttäuschungen, nur Enttäuschungen! Von Anfang an kein Glück gehabt!

Für Frau F. wird das ein Rätsel bleiben: Man kann sich Glück verdienen und es nicht bekommen, das ist noch wunderlicher als die Sache mit den Geburtstagen. Aber Privates wird sie nicht erzählen, sie ist nicht für so was.

Mitten im Zimmer steht eine Leiter, seit einigen Tagen schon, sagt Frau F. Herr G. muß noch einmal daran erinnert werden, daß er ihr die Lampenschalen abnehmen wollte, die hätten es mal nötig.

Ich rücke die Leiter unter die Lampe, Frau F. will das verhindern, ruft dann begeistert: Ach, ich werd' verrückt, und läuft, so schnell sie kann, in die Küche, ein Stück Packpapier zu holen, das breitet sie neben dem Foto der Mutter auf dem Tisch aus und stapelt die Glasschalen darauf.

Ach, ich werd' verrückt, ruft sie bei jeder Schale, die ich ihr zureiche, da bin ich ja so dankbar!

Schon einige Male habe sie mit ihrer Freundin, Frau T., Anlauf genommen, aber jedesmal sei es darüber dunkel geworden. Ich biete ihr an, die Schalen sofort abzuwaschen und wieder anzuschrauben, davon will sie nichts wissen, nimmt statt dessen zwei Sammeltassen aus der Vitrine und setzt Wasser auf. Jetzt trinken wir erst mal Kaffee, der Mutter zu Ehren, kommt mit drei Sorten Knüllpapier zurück: aus dem einen holt sie Waffeln, aus dem zweiten Spekulatius, aus dem dritten einen Rest Stollen, und zwar den Rest, den Frau O. und Frau F. in der Weihnachtszeit übriggelassen haben, bevor alles anders kam.

Ein Theater! sagt Frau F., ich kann Ihnen sagen.

Dann sucht sie einen Brief der Freundin von Frau O., legt ihn vor mich hin, ich lese: »Es war eine aufregende Zeit für uns, aber doch sehr schön. Langeweile habe ich auch hier nicht.«

So eine dumme Frau, schimpft Frau F. plötzlich und tippt sich an die Stirn, stellen Sie sich vor, als ich noch mit meinen Eltern in Nummer fünf gewohnt habe, ist der Dachstuhl ausgebrannt, unsere Wohnung auch, es stand in der Zeitung, mit Bild, am 17. 1. 29 war der Brand, die Zeitung vom 18. 1. 29 verborge ich der Frau, und die wird doch die Zeitung verbrennen!

Zweiundfünfzig Jahre bewahre ich die Zeitung von dem Brand, und die Frau hat sie verbrannt!

So dumm! Sie tippt sich wieder an die Stirn, fragt, ob ich mir den Kaffee nicht zu dünn gemacht hätte, der Nescafé, das sei eine gute Erfindung. Wir trinken ihn mit Kaffeesahne der Marke »Hochland-Export«, das schickt die Nichte aus Hamburg, Frau F. hat sie großgezogen, als die Mutter nach der Geburt nervenkrank wurde, jetzt ist das Mädchen geschieden, nach 17 Jahren Ehe, schuld war die Sekretärin!

Frau F. seufzt tief, ach, bei uns war alles immer so tragisch, und nun sterben die alle, und wenn ich den Fernseher anstelle, reden die immer vom Krieg! Na, die sind wohl verrückt, spinnen die, zum drittenmal?! Wieder zeigt sie einen Vogel. Auf mich kommt aber auch alles zu, unten muß ich den Toten umdrehen, Kinder nee, schön ist anders!

Langsam wird es dunkel im Zimmer, die Lampe ist demontiert. Mir reicht das Licht vom Fernseher, sagt Frau F. und will mir noch etwas zeigen. Sie hinkt in eine Zimmerecke, wühlt in einem Wäschekorb, murmelt dabei: rechts drei, links vier, jetzt reicht's mir bald, ich räume auf.

Stellen Sie sich vor, Vater und Mutter kamen beide aus Schlesien, aber kennengelernt haben sie sich in der Chausseestraße auf einem Maskenball. Mutter ging als Schmetterling.

Und nun zeige ich Ihnen ein Bild aus meiner Jugendzeit, auch vom Maskenball.

Vorsichtig stellt sie einen schweren Goldrahmen auf den Sessel, da sitzt Marlene Dietrich unter der Glasscheibe, ohne Zylinderhut, aber mit nackten Beinen und Spangenschuh, das runde Gesicht so niedlich in die Hand gestützt.

Frau F. sieht sich an, lacht, mein Prunkstück! Sehen Sie, das war roter Atlas mit Marabufedern, ich ging als Puderquaste. Das war noch mit meiner ersten Enttäuschung.

Frau F. geht zurück in die Ecke, kommt mit einem kleineren Bild zurück, ebenfalls im Goldrahmen. Das bin ich auch. Sehen Sie, die Schnur um den Hals, das ist vom Badeanzug, aufgenommen bei einer Bootsfahrt, das war mit meiner zweiten Enttäuschung.

Sie schüttelt den Kopf, nein, das kann man sich nicht vorstellen, was sie durchgemacht hat, erzählen wird sie es nicht, aber jedenfalls ihr Leben reicht ihr. Mein Leben reicht mir!

Sie geht wieder zurück in die Ecke, bringt eine Mappe mit Zeugnissen, aber dafür ist es schon zu dunkel.

Da ist es nun dumm, daß wir die Lampen herausgeschraubt haben, aber war trotzdem nett, der Besuch, sagt Frau F., gerade habe sie den Blumentopf für Mutter auf den Tisch gestellt und überlegt, wen sie zum Kaffee holen könnte.

2 Treppen

RECHTS

Hier kann man nicht durch das Schlüsselloch sehen, eine zusätzliche Sicherung ist eingebaut, die Tür selbst ist zerkratzt, in Augenhöhe klebt ein Blättchen mit dem Namen des neuen Mieters.

Die Wohnung soll einem jungen Ehepaar mit Kind zugesprochen worden sein, das aber noch nicht eingezogen ist. Weiße Fußspuren im Treppenhaus enden häufig vor dieser Tür, nach Feierabend wird hier gebaut. Der Wohnungsinhaber ist ein großer Mann mit Schnurrbart, will sich nicht unterhalten, weil er nur zum Arbeiten hierherkommt. Seine Frau sei schon ärgerlich darüber, daß es mit dem Einzug so lange dauert, die Familie wohnt noch bei den Schwiegereltern.

Das Haus (2)

Der Stille Portier hängt im Hausflur parterre neben dem Eingang zum Treppenhaus, er ist 1963 zum letzten Mal beschriftet worden – mit schwarzer Tinte handgeschrieben, gerahmt, aber nicht verglast. Jeder Neuzuzug hat die Möglichkeit, seinen Namen einzusetzen, nur zwei haben davon Gebrauch gemacht und ein helles Stück Papier mit ihrem Namen über den des Vormieters geklebt. Die Namen auf dem Stillen Portier stimmen mit denen auf den Briefkästen längst nicht mehr überein, in ihrer Mischung sind es aber dieselben geblieben und lesen sich wie eine Chronik.

Die Krottke, Behnke, Dahlke sind immer vertreten. Die Endung -ke erklärt sich aus dem Zusammenfließen einer niederdeutschen und einer sorbischen Verkleinerungsform (wie -chen), vermutlich sind die ursprünglichen Träger dieser Namen ziemlich früh, etwa seit Aufhebung der Erbuntertänigkeit 1807, aus der nördlichen und südöstlichen Umgegend Berlins in die Stadt gekommen.

In Raddatz und Retzlaff hat sich aus der einstigen slawischen Besiedlung das Polabisch erhalten.

Am auffälligsten sind die polnischen Namen. Seit der Mitte des 19. Jahrhunderts, als die Eisenbahnstrecken Berlin–Stettin (1843) und Berlin–Breslau (1846) fertiggestellt waren, strömten Massen von Landarbeitern und proletarisierten Handwerkern in die neue Berliner Industrie. Die Zuwanderung aus dem Osten Deutschlands ist nie wieder abgerissen, Konjunktur und Krisen haben sie gleichermaßen angeheizt, die letzten Einwanderungswellen erlebte Berlin zur Zeit der Weltwirtschaftskrise und nach dem Zweiten Weltkrieg. Hundert Jahre Zuwanderung aus dem Osten zeigt sich auch am unterschiedlichen Grad der Assimilation der Namen: Noack hieß ursprünglich Nowak, was dasselbe ist wie Neumann oder Naumann, ein Gamroth ist ein durch Amputation der polnischen Endung -ski unkenntlich gewordener Gamrodski, polnisch klingen noch die Markowski und Kowalski, und noch gar nicht eingedeutscht sind die Adamowicz und Kowalczyk. Kowalczyk heißt übrigens Schmied, wer mit einem Beruf nach Berlin kam, den er ausüben konnte, vererbte die Berufsbezeichnung oft als Beinamen – Schmied, Schmidt (durch Beamtenwillkür auch Schmitt, Schmitz usw.), Kowalczyk, Kowalski, Kuhfahl, Kusniak oder Lefevre – an seine Nachkommen.

Ich habe in diesem und den Nachbarhäusern keinen der in Berlin aus der Zeit der Hugenotteneinwanderung stammenden französischen Namen gelesen, vielleicht ist das Viertel nicht vornehm genug, ich fand auch keinen jüdischen Namen mehr.

Seit Jahrzehnten beobachten die Berliner eine neue Einwanderungswelle, zum ersten Mal kommt sie aus dem Süden, und zum ersten Mal ist es nicht die materielle Not, die Einwanderer nach Berlin treibt. Die Sachsen bringen wenig prägnante Namen mit, sie heißen Graf, Gentsch, Tietze oder Voigt. Allerdings kann eine geborene Gentsch in Berlin vielleicht schneller als anderswo eine verehelichte Lewandowski oder Toussaint werden.

3 Treppen

LINKS

Mario M.

An dieser Tür klopfe ich vormittags gegen elf, sie öffnet sich sofort, mit einem Schrei stürzen zwei große Jungs ins Treppenhaus, starren mich erschrocken an, sie wollten ein Mädchen überraschen, Angelika.

An Angelikas Stelle gehe ich nun mit ihnen in die Wohnung, einer der beiden hat helle Katzenaugen, er grinst und sagt, er habe mich hier in der Gegend schon beobachtet.

Der andere, dunkler Lockenkopf, schließt hinter mir die Tür ab, sieht, daß ich es gesehen habe, und murmelt, es sei eine Gewohnheit. Das ist Mario, der hier wohnt. Sein Zimmer – es ist das kleinste in der Wohnung – ist tapeziert mit Bildern von Fußballstars und ganzen Mannschaften, auf dem Schrank stehen Bierbüchsen und Fußballwimpel. Ich frage Mario, ob er auch Fußball spielt, nein, das tut er nicht, er ist Zuschauer. Bernd, sein Freund, ist auch ein Zuschauer.

Beide sind in der neunten Klasse, die Schule steht vier Straßen weiter, sollten sie jetzt nicht dort sein?

Ausfall, sagt Mario, zwei Stunden Russisch, vielleicht sei der Chemielehrer auch noch krank, bevor Angelika sie nicht abholt, gehen sie nicht.

Ich frage Mario, seit wann er in dieser Wohnung lebt, seit immer, sagt er, Geschwister habe er nicht, das sei ganz gemütlich. Gemütlich: der große Fernsehapparat auf dem kleinen Tisch in der Ecke.

Bernd ist auch in Prenzlauer Berg aufgewachsen, aber was sie hier gespielt haben, daran können sich beide nicht erinnern, maulfaul erzählen sie etwas von Ballspielen. Zuerst denke ich, sie genierten sich, von Kinderspielen zu reden, aber als sie sechs Jahre alt waren, war schon fast so viel Verkehr wie heute auf den Straßen. Hier spielt niemand mehr Fußball, nicht einmal auf dem Hof.

Bernd bietet mir eine Zigarette an, KARO. Ein ganzes Zimmer mit KARO-Schachteln tapezieren, sagt er, dafür sammle er schon.

Wir rauchen. Langweilig, sagt Mario, meistens sei es langweilig, besonders im Winter. Im vergangenen Jahr hätten sich alle, die sonst an der Ecke standen, nachmittags im Palast der Republik getroffen, da hätten sie aber auch nur rumgesessen.

Im Sommer fahren sie Moped, aber wenn sie zu schnell fahren oder zu viele sind, schließt sich die Polizei an, dann geht es nicht mehr, aber es macht eben nur Spaß, wenn man schnell fährt.

Warum müssen Sie schnell fahren? Sie zucken mit den Schultern, das sei doch das Ziel, der Rausch, das Gefühl, loszufliegen, mit Kopfhörern und Musik sei es doch dasselbe. Wer losfliegen will, will der wegfliegen? Sie zuckten wieder mit den Schultern, eine dumme Frage offenbar, sei doch alles normal.

Bernd stößt den Freund an – zeig doch mal, sagt er leise, aber der will nicht. Was soll er zeigen? Die elektrische Anlage, die er gebastelt hat, verschiedene Knöpfe, vom Bett aus zu bedienen, na, zeig doch schon! Aber Mario schiebt Bernds Arm zurück, es scheint ihm peinlich zu sein. Idiot, sagt Bernd. Dann kneift er die Augen zusammen, sieht mich scharf an und sagt direkt, worum es ihm geht:

Sie sind doch beim Fernsehen.

Ich bin nicht beim Fernsehen.

Ach so.

Alles Interesse ist verschwunden, ich muß mir erklären lassen, was Bernd wollte.

Er dachte, sagt Mario, wenn Sie beim Fernsehen sind, können Sie uns eine Lehrstelle bei der Studiotechnik besorgen. War ja nur eine Frage.

Es klopft. Angelika trägt eine Kutte und lange, blonde Locken. Wir überraschen sie damit, daß zuerst ich aus der Tür komme, aber es macht keinen Eindruck. Tempo, sagt sie, die werden uns lüften!

3 Treppen

MITTE
Erna M.

Ach, die würde mir gefallen, hatte Frau M. zu ihrem Sohn gesagt, als sie die Wohnung im Sommer 1975 zum ersten Mal sah. Sie wollte das kleinere Zimmer nehmen, er das große, um den Umzug brauchte sie sich nicht zu kümmern, das hat alles der Sohn gemacht, ist dreimal gefahren mit einem Lieferwagen, weil er keinen großen Möbelwagen wollte, das war falsch.

In dem großen Zimmer stehen Sessel, Schränke und Tisch der sechziger Jahre – nicht spitz, nicht rund, nicht zu hoch und nicht zu niedrig, es waren keine schlechten Zeiten, aber hier sind sie jetzt vergessen unter lange nicht mehr aufgeschüttelten Sofakissen, Blumen, die in der Vase vertrocknet sind, und die Decke auf der Liege wurde damals tagsüber noch zusammengefaltet und weggelegt.

Frau M. zeigt auf den Fernsehapparat, der ist kaputt, ein Bekannter hat versprochen, ihn reparieren zu lassen, ist nicht mehr gekommen. Seit sechs Wochen bleibt ihr nichts, als abends auf dem Balkon zu sitzen und auf die Nacht zu warten. Klaus-Peter, der Sohn, ist tot, ist vor einem Jahr an Krebs gestorben. Er war 42 Jahre alt.

Frau M. hat noch zwei Töchter, die sind in Westberlin verheiratet, von ihnen spricht sie nicht, die sind über fünfzig und selber Großmütter, nur der einzige Sohn quält sie, das liebste Kind.

Na Mutteken, ich hab dir doch was mitgebracht, sagt sie, hat er immer gesagt. Er kam nie mit leerer Hand. Schokolade oder Blumen, manchmal sogar zwei Sträuße.

Erna M. kommt vom Lande aus der Danziger Gegend – können Sie sich vorstellen, was ein Gut ist? Altfietz hieß das Gut, in dem sie geboren ist. Der Vater war so ein eigensinniger Mensch, ein guter Arbeiter, aber wenn ihm etwas nicht gefiel, fuhr er mit den Kutschern über Land und suchte einen neuen Herrn. Dann dauerte es nicht lange, und die Wagen des Herrn kamen gefahren, große Leiterwagen, da packten sie ihre paar Möbel rauf, den Rest in Tücher gewikkelt dazu, obendrauf saßen die Kinder, so ging der Umzug. 14 Kinder, 9 am Leben geblieben, arbeiten mußten sie alle, aber es ging der Familie gut, sagt Frau M. Wir hatten immer genug zu essen und keine Sorgen. Die Wohnungen in Landarbeiterhäusern hatten Stube, Kammer und Küche. In der Kammer standen zwei Betten, in der Stube so ein langes Ding, darauf schliefen alle, die in der Kammer nicht Platz hatten.

Wenn der Vater mit dem Inspektor stritt, kamen bald die Leiterwagen, und Frau M. kann sich nicht mehr an all die Orte erinnern, in denen sie als Kind einmal gewohnt hat. Nur den letzten weiß sie, das Dorf, in dem die Familie schließlich blieb: Sobowitz. Von hier ziehen mir keine 100 Pferde raus, zitiert Frau M. die zwanzigjährige Erna.

Aber dann kam ein Mann, der hieß Paul.

Mußte ich an dem Tag nach Danzig fahren? Das sollte wohl so sein! Aber wär' ich nicht gefahren, wär' ich dann noch in Sobowitz? Ihr Leben lang, sagt Frau M., hat sie darüber nachgedacht, wenn sie abends im Bett lag.

Als der Sohn starb, kam anderes dazu. Warum hat er kein Glück gehabt im Leben? Ist das gerecht, daß eine Mutter ihren Sohn begraben muß?

Frau M. preßt die Hände aufeinander, vergräbt sie in der Schürzentasche, zieht sie wieder heraus und legt sie auf den Tisch, auf die Wachstuchdecke mit kleinen, blauen Blumen.

Wohl dem, was kein Kind hat!

Auf dem Schrank steht ein Bild mit Trauerrahmen. In steifer Pose ein Junge im schwarzen Anzug, etwa zwanzig, dunkle Augen, lange Nase, lacht, aber nicht zum Fotografen, sondern nach rechts, zu jemandem, dessen linke Schulter noch zu sehen ist. Es ist sein Hochzeitsbild, sagt die Mutter, ich hab sie abgeschnitten.

Ernas Hochzeit in Sobowitz war Ostern. Eine kleine Hochzeit, 75 Gäste und keine Blasmusik, nur Bandonion und Geige haben gespielt. Warum sollte es denn eine große Hochzeit sein!

Im Herbst war Erna mit ihrer Schwester Elsbeth, genannt Loscha, nach Danzig zum Einkaufen gefahren, da sind sie zum Kaffee bei einer Tante eingekehrt, bei der war ein Mann zu Besuch.

Zwei Wochen später kam in Sobowitz ein Brief an, der Bruder hat ihn Erna vorgelesen, weil sie gerade nasse Hände hatte – der Danziger Besuch der Tante machte Erna einen Heiratsantrag. Der Brief hatte einen Berliner Stempel, der Mann war Werkzeugmacher in Tempelhof, ein Arbeiter, Witwer noch dazu, mit zwei Kindern. Weihnachten kam der Mann mit seiner Mutter nach Sobowitz, um Verlobung zu feiern, er brachte die Ringe mit, es waren seine Ringe aus der ersten Ehe, die Schrift hat er herausschleifen lassen. Erna hat gesagt: Ich geh sowieso nicht aus Sobowitz raus. Aber den Ring hat sie genommen, Verlobung war ja noch keine Heirat. Immerhin wurde der Termin abgemacht: Ostern.

Hab mich doch einem anderen versprochen, sagt Frau M., das war der Albert, so netter Mensch, so gern haben wir uns gehabt, aber ein Jahr lang geht er an unserem Haus vorbei zur Arbeit und geht vorbei jeden Tag und war stille. Mit die Nachbarstochter hat er gesprochen, mit mir nicht. Als ich schon den Ring hatte, hab ich ihn gefragt, was ist los, wir sind halbe Bauern, haben so oft geschlachtet, so viel zu essen, immer haben wir draußen gegessen an die große Tafel, die Tür war auf, weil es so warm war, wärst rangekommen – aber er war stille.

Der Werkzeugmacher Paul M. wußte nichts davon. Wie versprochen, kam er Ostern zur Hochzeit und nahm Erna mit. Mit der Kutsche fuhren sie von Sobowitz nach Danzig, mit dem Zug von Danzig nach Berlin.

In Berlin, in der Gneiststraße, in einer fertig eingerichteten Mietswohnung, warteten zwei fremde Kinder auf die neue Mutter. Das war 1920. Erna war 23 Jahre alt.

Von ihrem Mann sagt Erna M., daß er ein guter Mensch gewesen sei, ruhig und zuverlässig. Solange sie mit ihm zusammengelebt hat, ist er pünktlich auf die Minute nach Hause gekommen, es hat nie Zank gegeben, und sonnabends mußte sie ihm warmes Essen an die Stralauer Brücke bringen, da hat er geangelt. Ein guter Arbeiter soll er gewesen sein, unpolitisch, hat nie etwas anderes gemacht als Metallarbeit, 1952 ist er an der Werkbank zusammengebrochen, als ihn die Kollegen zu Hause anbrachten, war er schon tot.

1952, da war der Junge 16 Jahre alt, sagt Frau M., es war zu früh für den Jungen, ob es daran lag?

Als ihr Junge starb, hatte er auch einen Sohn von 16 Jahren, geboren von der Frau, die Erna M. vom Hochzeitsbild abgeschnitten hat. Dieser Sohn ist ohne Vater aufgewachsen, hat den Vater nicht besucht im Krankenhaus, ist nicht zur Beerdigung gekommen.

Frau M. wiegt den Kopf hin und her und stöhnt, warum hatte ihr Junge kein Glück mit den Frauen? Den eigenen Sohn hat der kaum gesehen, die Frau hat ihn zu ihren Eltern gebracht und ist tanzen gegangen, was war das für eine Ehe? Nach der Scheidung ist ihr Junge zu ihr zurückgegangen, hat seine Wohnung aufgegeben, weil er nicht allein sein konnte.

In den letzten Jahren hat er eine schlechte Frau geliebt, die war zehn Jahre älter, eine aus dem Glühlampenwerk, die wollte immer nur trinken, und er hat mitgetrunken. Ist die schuld an der Krankheit?

Frau M. spricht nicht mehr zu mir, sondern sie wiederholt leiser werdend für sich selbst bestimmte Äußerungen des Sohnes. Irgendwo im Zimmer kratzt etwas.

Die alte Frau steht auf, schlurft zum Schrank und holt darunter eine Schildkröte hervor. Die hat ihr auch der Junge geschenkt – nimm doch, Muttiken, die ist so lustig.

Und nun, alles lebt noch, warum lebt er nicht? Warum mußte er hier vom Sessel auf den Boden fallen und weinen, weil er nicht aufstehen konnte?

Warum mußte er in dem Krankenhaus sterben, wo sich keiner gekümmert hat? Sechs volle Kaffeetassen standen auf seinem Nachttisch!

Frau M. hält die Schildkröte weit von sich und sagt: Das geht mir gar nicht in den Kopf, daß ich noch lebe.

Ich frage sie, ob sie Menschen getroffen hat, die wirklich glücklich geworden sind.

Sie sagt: O ja, es gibt solche Menschen. – Zu Hause waren wir glücklich. Ich auch.

Dann fällt ihr mit Schrecken ein, daß sie mir noch nichts zum Essen oder Trinken angeboten hat. Sie kocht Kaffee, bringt ein Kännchen und eine Tasse herein auf silbernem Tablett, dazu eine Rolle Kekse und Kaffeesahne, schließlich eine Schüssel, in der ein Rest eingezuckerter Erdbeeren liegt – die soll ich essen und den Saft austrinken. Die Erdbeeren sind gegoren, ich esse sie zögernd. Frau M. sieht mir aufmerksam zu und sagt dabei: Was wird der Mensch gedacht haben, der Albert, als ich aus dem Dorf fuhr? Wie ich in die Kutsche stieg, da stand er so auf der anderen Straßenseite und guckte. Wie mag dem Menschen zumute gewesen sein?

In Briefen aus Sobowitz haben sie mir von ihm geschrieben, er hat nie geheiratet.

Nachdem ich den Text über Frau M. soweit fertig hatte, fand ich noch einen Zettel Gesprächsnotizen:

Wenn du Brot backen willst, nimm eine Schüssel geriebene Kartoffeln, roh oder gekocht, schütte sie in den Trog, gekochter Reis geht auch, mit Mehl anrühren, bis es sämig ist, dann Hefe dazu und die ganze Nacht stehen lassen. Morgens eine Faust Salz rein, Mehl und Wasser dazu und geknetet. Ein Brot bäckt zwei Stunden.

In Raschau am Fluß stand ein kleiner Ofen, da haben wir geheizt, der Ofen muß innen weiß sein. Bis es fertig war, haben wir im Fluß gewaschen. Vor den Festen hat das ganze Dorf Brot und Kuchen gebacken, da haben wir manchmal nachts um zwei schon am Ofen gestanden.

Ach, wenn sie aufstehen könnten aus die Gräber, die Alten! Wie würden sie sich freuen! Wie haben sie sich gefreut, wenn sie vor die Tür gesessen haben abends auf die lange Bank, und einer hat erzählt. Egal, wir kommen alle dahin, wo alle sind.

Der Sobowitzer Wald war groß, Flüsse waren überall.

Vorderhaus

RECHTS
Bruno C.

Bruno C. hat mich in dieses Haus geführt. Als ich vor dem Haus stehengeblieben war, weil mir seine Fassade gefallen hatte, war er gerade mit Schneeschieben beschäftigt, ein großer, alter Mann mit Schiffermütze.

Na, wen suchen wir denn, fragte er. – Ein Haus, sagte ich und erklärte, daß ich ein Haus suchte, um über seine Bewohner zu schreiben. Bruno C. hörte geduldig zu, winkte einen anderen alten Mann heran, der die ganze Zeit mit dem Besen im Hausflur rumort hatte, erklärte nun selbst meine Absicht ernsthaft und ausführlich, und dann nickten beide.

Jawohl, sie hätten etwas zu erzählen.

Sofort, sagte Bruno C. Sagen wir mal, morgen zum Kaffee?

Als ich an der Wohnungstür klingelte, kochte das Kaffeewasser schon, Bruno C., diesmal in Jeans und blauem Oberhemd, half mir aus dem Mantel, zum ersten Mal stand ich in dem engen Flur dieser Wohnungen, der Spiegel hängt immer der Küchentür gegenüber, die Tür zum Wohnzimmer war angelehnt, man sah einen festlich gedeckten Tisch, in der Mitte standen Zigaretten in einem runden Behälter.

Der Mann aus dem Hausflur hieß Werner G. und saß bereits im Sessel. 1937 bin ich eingezogen, sagte Bruno C., ich hatte gerade geheiratet, es war die Wohnung meiner Frau.

Er saß vor dem Fenster, gegen das Licht sah man, wie breit seine Schultern waren, die Ärmel hatte er hochgekrempelt, wollte gut aussehen, sah gut aus, rauchte und verschluckte sich vor Überraschung, als Werner G. sagte, daß er schon zwei Jahre früher geheiratet habe.

45 Jahre bist du schon?

45 Jahre.

Bruno C. hat vor seiner Heirat im Berliner Osten gewohnt, im tiefen Osten, sagt er, wo es Zuhälter und Prostituierte gab, Wassmannstraße, Weberstraße, Holzmarkstraße, das seien die ärmsten Gegenden Berlins gewesen, nicht Prenzlauer Berg. Die Arbeiter, die hier wohnten, die hätten schon etwas verdient, wenig vielleicht, aber nicht so wenig wie die in der Weberstraße.

Er sieht Werner G. an, der soll ihm recht geben, aber der zögert, er sagt: 1935 bin ich in die Pappelallee gezogen.

Na und, sagt Bruno, hattest du Arbeit? – Ja, sagt der andere, als Maler. Na also, sagt Bruno.

Werner G. ärgert sich darüber, warum sei er denn mit der ganzen Familie aus Kolberg nach Berlin gekommen? Doch weil wir arbeitslos waren! 1933 sind wir losgezogen, der Vater war Dachdecker und Kommunist, acht Kinder zu Hause, jeden Tag wurden zwei Brote gekauft, davon bekam jeder eine Scheibe mit Margarine zum Frühstück, eine zum Abendbrot, bei Verletzungen wurden Wegerichblätter aufgebunden, im Winter gingen die Kinder in Holzpantinen zur Schule, im Sommer barfuß.

Bruno C. hat bei jedem dieser Kennzeichen der Armut genickt, nur beim letzten fragt er zurück.

Barfuß oder in Holzpantinen?

Ja. Barfuß oder in Holzpantinen.

Nein, so arm waren wir in Berlin nicht.

Werner G. hat trotz der Armut einen Beruf erlernt, Bruno C. hat nichts gelernt, sondern dem Stiefvater beim Hökern geholfen: Obst & Gemüse und in der Inflationszeit Fisch. Das weiß er genau, denn es kam der Tag, an dem ein Hering eine Milliarde Mark kostete. Sie seien alle schon Millionäre gewesen, nur: Er wäre gerne Maler geworden.

Nicht Anstreicher wie Werner, sondern Bildermaler, Künstler. Als der Stiefvater starb, war Bruno C. drei Jahre arbeitslos, Rückertstraße, Ecke Gormannstraße war das Arbeitsamt, alle 10 Tage gab es acht Mark Unterstützung, 1935 hat er die erste Anstellung bekommen in der Konfektion am Hausvogteiplatz.

Na also, sagt Werner G., ist doch wie bei mir, nur daß wir 1933 aus Kolberg weg mußten, die Nazis waren an der Macht, in der Kleinstadt kannten sich alle, das war nicht auszuhalten.

Jetzt nickt Bruno C., das stimmt, in Berlin konnte man untertauchen. Speziell in meiner Gegend, im Osten, konnten sich die Nazis lange nicht mausig machen, da haben sie Prügel bezogen, sind nur im geschlossenen Mannschaftswagen durchgefahren, einzeln haben wir sie auf der Straße nicht gesehen. Ein paar Straßenschlachten habe es allerdings in Prenzlauer Berg auch gegeben, an eine erinnert er sich: Lychener-Ecke Raumerstraße, da war eine SA-Kneipe.

Die meisten Kämpfe seien in der Landsberger Straße gewesen, die heute Leninallee heißt, die Linken hätten die riesigen Aufmärsche der Faschisten attackiert, er sei auch manchmal dabeigewesen, aber mehr als Zuschauer. Nach 1933 seien die dann ohne Störung marschiert, wer zusah und nicht mit dem Hitlergruß grüßte, den haben die Ordner angegriffen. Bruno C. sagt: Man wurde zu der Politik regelrecht geprügelt. Sein Freund ist bei so einer Gelegenheit zusammengeschlagen worden. Werner G. sagt: Wer gegen die gekämpft hat, die müßten in den Himmel kommen, die Leute, was die auf sich genommen haben. – Das waren Helden, sagt Bruno C., echte Helden. Danach entsteht eine Pause, und die beiden fragen sich: Wie ist der Hitler eigentlich an die Macht gekommen? Wie kam das, daß plötzlich in jedem Haus mindestens ein Nazi wohnte? Der wurde dann meistens Hauswart.

Beide können sich an ihre Hauswarte noch erinnern. Unserer immer: Hallo, Sie haben nicht geflaggt! sagt Bruno C., Denunzianten, sagt Werner G. Dessen Hauswart in der Pappelallee hat sich 1945 aufgehängt. Bruno C. weiß nicht, wo sein Hauswart geblieben ist, als er 1947 aus der Kriegsgefangenschaft nach Hause kam, war der nicht mehr da.

Bruno C. kam aus Murmansk, aus dem Bergwerk, vom Schlesischen Bahnhof zu Fuß über Trümmerfelder direkt nach Prenzlauer Berg in dieses Haus, das stehengeblieben war, in diese Wohnung, in der seine Frau mit einem anderen Mann lebte, die zogen aus, er konnte bleiben, aber so hatte er sich den Anfang nicht vorgestellt.

Werner G. sieht ihn mitfühlend an, er hat seine 45 Jahre, und er ist auch schon 1946 aus der Gefangenschaft gekommen, aus dem Rheinland, vom Amerikaner, schwierig war nur die Rückkehr in die sowjetisch besetzte Zone – schwarz über die Grenze, es hat 100 Mark gekostet. Danach ist er zurück zur Post gegangen und hat dort wieder angefangen, Telefonanlagen zu bauen, wo er aufgehört hatte: Haus der Ministerien, Leipziger Straße. Ich frage ihn, ob das nicht Görings Reichsluftfahrtministerium war, ja, sagt er, den habe er sogar einmal gesehen, aber sonst nur Kabel verlegt.

Werner G. erzählt anscheinend ohne innere Teilnahme: So war es, wie hätte es sonst sein sollen?

Bruno C. spricht lebhaft, er kann nicht gleichgültig sein, zum Beispiel ist er stolz darauf, daß er im Kriegsgefangenenlager der russischen Ärztin gefallen hat, weil er Akkordeon spielen konnte. Sie hat ihn dem ersten Rücktransport zugeordnet und gesagt, ohne ihn würde es trauriger werden.

Dann sieht er mich nachdenklich an, seit gestern ginge

ihm vieles im Kopf herum. Nachts sei er aufgeschreckt und habe den Zug von Menschen wiedergesehen, die armen Menschen, die sie bei Wilna in den Wald geführt haben. Es war die SS, wir waren ja Wehrmacht, aber ich sehe sie noch vor mir, die Gesichter, sagt er und schlägt die Hände vors Gesicht. Vielleicht erinnert er sich an einen Blick, der ihn damals getroffen hat. Aber dann sieht er mich wie entschuldigend an, er will die Stimmung nicht verderben, denn jetzt ist es eigentlich schön, und er will sich freuen, Besuch ist da, Holländerschnitten stehen auf dem Tisch, sein Lieblingskuchen. Sie sind so eine nette, kleine Frau, sagt er zu mir, ich wünsche Ihnen Glück.

Hat er selbst Glück gehabt? Oh, endlich kann er etwas Gutes erzählen. Wenn Sie wüßten, wie glücklich ich war! Ich habe doch das Rieckchen gefunden! Mein Leben hat 45 überhaupt erst angefangen! Die Aufbauzeit, was, Werner?!

Türanschläger, so habe er sich 1949 beim Technischen Direktor des Deutschen Theaters vorgestellt. Türanschläger sind die Leute, die Scharniere an die Türen schlagen. Als Bühnenarbeiter der rechten Seite ist er eingestellt worden.

Kaum sei er dagewesen, hätten die Kollegen ihn zum Sprecher gewählt, und ein halbes Jahr später sei er BGL*-Vorsitzender des Deutschen Theaters geworden. Den Posten hatte er 16 Jahre.

Ich nenne Namen, er kennt sie alle, freut sich, das sei doch seine Welt, das Theater und die Künstler, tagelang könnte er darüber reden. Er spricht mit Respekt über die Künstler. Und über deren Eigenarten etwa so, wie ein Berliner Arbeiter über die Eigenarten seines Schwagers spricht, wenn der ein großartiger Autoschlosser ist.

Tag und Nacht sei er im Theater gewesen, wer morgens

* Betriebsgewerkschaftsleitung

zur Probe kam, sollte genausoviel Zeit haben, mit ihm als BGLer zu reden wie die Garderobenfrauen am Abend.

Ich frage nach seiner Ehe, da lacht er. So wie er seine zweite Frau geliebt habe, da habe die Ehe gar nicht schiefgehen können, und allein gelassen hätte er sein Rieckchen sowieso nicht.

Der haben wir einfach die Kantine an den Hals geschmissen, sagt er, das hat ihr so viel Spaß gemacht, sie hat die Leute bald besser gekannt als ich, alle Extrawünsche erfüllt, und nachts sind wir zusammen nach Hause gegangen, 15 Jahre lang.

Rieckchen war eine Krimi-Tante und hat die kleinen Porzellantassen in der Vitrine gesammelt.

Das ist alles, was er, zärtlich und kopfschüttelnd, von seiner Frau erzählt. Sie ist 1965 ganz unerwartet gestorben.

Werner G., der schweigend zugehört hat, fast haben wir ihn vergessen, sagt plötzlich, er sei nie in Brunos Theater gegangen. Er war mit seiner Frau immer nur im Colosseum, jedenfalls, solange das Metropol-Theater dort gespielt habe.

Ganz Prenzlauer Berg hat damals Operetten gesehen, aber als das Theater ins Zentrum zog, ist das Publikum nicht mitgezogen, komisch.

Gar nicht komisch, sagt Bruno, Theater mußt du hier machen, in Prenzlauer Berg, wo so viele Menschen wohnen.

Er steht auf, sucht im Wohnzimmerschrank eine Mappe mit seinen Zeichnungen, zwei davon legt er auf den Tisch: Wolfgang Langhoff und Willy A. Kleinau.

Über die soll ich unbedingt schreiben, weil man sie schon fast vergessen hätte. Unter Kleinaus Porträt steht etwas geschrieben. Mehr Mut, sagt Bruno, er hat geschrieben, mehr Mut, weil ich zu viel Respekt vor den Künstlern hatte. Das Geld hat der Kleinau mit vollen Händen verschenkt, und für sein Begräbnis haben wir gesammelt, er hatte keinen Pfennig. Nie sei er einem gütigeren Menschen begegnet. Außer Langhoff. Vorsichtig hält er dessen Bild hoch – das war mein Freund, sagt er. Langhoff habe ihm beigebracht, richtig zu sprechen, neben Langhoff habe er jedesmal in den Kulissen gestanden, wenn der den Faust spielte. Übrigens sei auch ein Bild von Helene Weigel dabeigewesen, aber die habe es behalten wollen. Einmal habe sie sich von Bruno die Bilder zeigen lassen, einfach einige rausgesucht, ihn zwei Monate später zu sich gerufen, um mitzuteilen, im Herbst könne er an der Kunsthochschule mit dem Studium beginnen, sie habe für ihn die Arbeiten eingereicht. So wäre er beinahe doch noch Kunstmaler geworden, aber er wollte nicht mehr, denn Rieckchen hätte von dem Stipendium nicht gut leben können. Als sie so plötzlich starb, wurde er krank, sollte eine sitzende Tätigkeit übernehmen, ging zur Versicherung, dort arbeitet er nun schon 12 Jahre, und jetzt ist er krank geschrieben.

Urkunden, Anerkennungen, Auszeichnungen der beiden Betriebe hat er abgeheftet, zeigt sie uns, ganz oben liegen die Briefe der Kollegen von der Versicherung, seit er krank ist, schreiben sie ihm – so wird das Alter bei uns geachtet, sagt er, im Westen würde sich kein Mensch um mich kümmern. Werner G. nickt, er ist mit drei Präsentkörben in die Rente entlassen worden, er kann sich auch nicht beklagen.

Sie reden vom Alter und geraten in Jugenderinnerungen. Mußten wir so arm sein, damals?

Bruno C. seufzt tief, gerade während der Arbeitslosigkeit, was hätte man sich in Berlin alles leisten können! Schönhauser Allee sei ja überhaupt keine Vergnügungsgegend gewesen, da ging man zum Alex, Friedrichstraße, Bahnhof Zoo, Krollgarten, Europahaus am Lehrter Bahnhof, ins »Haus der 3 000 Klubsessel« Ecke Taubenstraße oder »Mocca Efti«! Das ärgert ihn, daß Werner sich an das »Mocca-Efti«

nicht erinnern kann, wo man für 1,05 Mark Tee trinken konnte, bei einer 18-Mann-Kapelle, nämlich dem Tangokönig von Berlin, Adalbert Lutter, mit seinen Bandonionspielern!

Allem Zureden zum Trotz erinnert sich Werner G. nicht daran, Bruno C. erzählt allein weiter von den Vergnügungen im alten Berlin und endet bei der Berolina. Die stand vor dem Warenhaus von Tietz auf dem Alexanderplatz, mit der Hand zeigte sie zum Obdachlosenasyl in der Nordmarkstraße, unter den Füßen hatte sie früher einmal einen roten Basaltsockel, der Basalt ist in der Revolution 1918 lädiert worden, die Berolina stand später auf einem Zementsockel, und an diesem Zementsockel hat sich Bruno einmal eine halbe Nacht lang festgehalten, weil er so blau war.

4 Treppen

LINKS

Irmtraut und Werner G.

Ich komme unangemeldet, Werner G. öffnet die Tür mit nassen Händen, er wäscht gerade ab. Eine Weile sehe ich ihm in der Küche dabei zu, ein Wellensittich sitzt auf seiner Schulter, fliegt zurück in den Käfig, aus dem Käfig zu mir, der tut Ihnen nichts, sagt Werner G. Ich beginne das Geschirr abzutrocknen. Jetzt trocknet sie ab, ruft er in den Flur. Seine Frau im Wohnzimmer soll das hören, aber die ruft auch gerade etwas: Jetzt kommt Irina, komm rin! Laß stehen das Geschirr, guck dir an!

Wir gehen ins Wohnzimmer, auf dem Sofa sitzt eine große, weißhaarige Frau mit dicker Brille, gibt mir flüchtig die Hand, sieht dabei geradeaus, der Fernseher läuft, Olympiade, Eisstadion, Endrunde im Paarlaufen, Irina Rodnina und Alexander Saizew halten sich an den Händen, na, die machen's, sagt Frau G. vor sich hin, tastet nach einem Kästchen, das vor ihr auf dem Tisch steht, nimmt eine Zigarette heraus und beginnt zu rauchen.

Die machen's, sagt sie noch einmal und wendet mir das Gesicht zu, das ist die Wiederholung.

Die beiden auf dem Fernsehbild laufen große Kreise, das interessiert Frau G. nicht mehr, sie erzählt mir von der Krankheit, die sie seit 1935 quält. 1935! Mal fallen die Haare aus, mal geht die Haut ab, Spritzen in den Kopf sind noch das Geringste, was weiß ein Hautarzt, höchstens, daß ich nicht mit Wasser in Berührung kommen darf, darum hat der Mann abgewaschen.

Ich frage Frau G. nach ihrer Heimatstadt – Kolberg, sagt sie. Verkäuferin sei sie gewesen im Geschäft der Brüder Rambow. Glas, Porzellan, Kristall, Tiegel, Pfannen, Nägel, Eisentöpfe, Emailletöpfe, Steintöpfe, das alles habe sie verkauft, schöne Sachen, jede Woche am Großen Freitag war Markt, im September nach der Kornernte Jahrmarkt. Unter dem Schwibbogen hat man Buden aufgebaut, das war schön!

Was ist ein Schwibbogen? Eifrig erklären mir beide gleichzeitig, daß das eine Toreinfahrt in der alten Festungsmauer von Kolberg war, wo Nettelbeck und Gneisenau gegen Napoleon gekämpft haben: 1807!

Den Kolberger Dom hat sein Vater gedeckt, sagt Frau G., und der Mann nickt dazu. Als kleiner Junge habe er dem Vater das Frühstück in den Dom bringen müssen, daran erinnert er sich noch.

Kolberg heißt heute Kolobrzeg, sagt er. Aber von der alten Stadt ist nach dem Krieg nicht viel geblieben, sagt sie. Der Dom steht heute noch, sagt er. Aber die Kuppel ist weg, sagt sie.

1975 sind sie im Urlaub nach Kolobrzeg gefahren, haben im Interhotel gewohnt. Im Hotel, sagen sie, das ist etwas anders als die Kasernenbaracken auf dem Salzberg, wo Werner G. mit den Eltern und sieben Geschwistern früher wohnte, in dem Elendsviertel der Stadt, das auch Kommunistenviertel hieß. Sein Vater sei tatsächlich Kommunist gewesen, früh arbeitslos, später nur noch Gelegenheitsarbeiter im Hafen.

Mein Vater hat immer Arbeit gehabt, sagt Frau G., er war Gärtner mit Diplom drauf, hat die Anlagen entworfen, den Rosengarten, wo Kurkonzert war, und die Strandpromenade... sie sieht schon wieder zum Bildschirm, jetzt ist ein Paar aus der DDR auf dem Eis, BEWERSDORF / MAGER steht in großen Buchstaben über zwei Gesichtern, auf die Wertung wartend, beißt sich das Mädchen auf die Lippen. Die kommen nicht ran, sagt Frau G., und da das klar zu sein scheint, erzählt sie vom Auszug der Familie des Dachdeckers aus Kolberg, wo es doch eigentlich schön war, wenn man so denkt, wie die Schiffe im Hafen ankamen, und einmal im Jahr war Marineball, im Strandschloß der Blaue Saal, nur Prominenz kam da rein, alles, alles Reiche, und dann aus der Stadt 1933 weg nach Berlin.

Ich erinnere mich an das Gespräch bei Bruno C. und sage, das wüßte ich schon: Der Dachdecker sei in der kleinen Stadt als Kommunist zu bekannt gewesen.

Aber die Frau schüttelt den Kopf, es war, weil Werners kleine Schwester Erna ihr Glück gemacht hat. Sie streicht die Zigarettenasche langsam am Aschenbecher ab, sieht mich durch die dicken Gläser vielsagend an: So was gab es auch.

Erna, die als Dienstmädchen nach Berlin gegangen war, hatte bei einem Grundstücksmakler angefangen, der Mann heiratete sie, schenkte der armen Verwandtschaft aus Kolberg eine Parzelle am Stadtrand von Berlin und beschaffte Werner G., als der heiratete, eine Wohnung in der Pappelallee.

Der Grundstücksmakler selbst hatte weniger Glück, nach den Nürnberger Rassegesetzen galt er als Halbjude, 1936 hat er alles verkauft und ist nach Argentinien ausgewandert. Eine zweite Tochter aus der Kolberger Familie ist mitgegangen, nun leben sie immer noch dort, aber die Verbindung ist abgerissen. Vor Jahren haben die noch einmal geschrieben, in einer fremden Sprache, immer wollte man den Brief übersetzen lassen, aber nie sei es dazu gekommen, waren ja auch Unruhen in Argentinien, die jüngste Schwester müßte nun schon 62 Jahre alt sein, soll einen reichen Mann haben und einen Sohn.

Ein kleiner Georgito, sagt Frau G. und bittet den Mann, den Fernsehton lauter zu stellen: Siegerehrung im Paarlauf.

Riesenjubel hier in Lake Placid, tönt die Stimme von Heinz-Florian Oertel, eine neue Sternstunde für Irina Rodnina und Alexander Saizew!

Unsere haben den Dritten gemacht, sagt Frau G., denk mal an.

Wir sehen die riesige Halle, Fahnen hängen von der Decke, die Kamera schwenkt über das Publikum auf das Gesicht der Siegerin, zeigt, wie ihr die Tränen kommen, und verharrt in dieser Einstellung, bis wir die Tränen fließen sehen.

Die ist noch hübscher geworden nach ihrem Jungen, ihrem Sascha, sagt Frau G.

Der Mann schaltet den Apparat aus. Es wird still im Zimmer, Frau G. beginnt, sich an den Händen zu jucken, das hatte sie vergessen, die Krankheit.

So sitzen die beiden am Vormittag in ihrem warmen Wohnzimmer, reden darüber, was sie heute kochen werden und ob Bruno nachmittags zum Rommé kommt. In der Vitrine stehen hier keine Familienfotos, nur Glas und Porzellan.

Wir haben ja alles verloren, sagt Werner G., sie hat alles nach Kolberg gebracht, als die Bomberangriffe begannen. Darüber schüttelt die Frau selbst den Kopf, weil sie nicht versteht, wie sie hatte glauben können, ihr guten Sachen seien dort besser aufgehoben.

Während des Krieges hat sie in Berlin bei der Feldpost Briefe sortiert und gebündelt, die Postleitzahlen hat zuletzt der Aufseher auf die Pakete geschrieben, die waren vertraulich, trotzdem bekam man eine Ahnung von den Truppenverschiebungen, warum hat sie also das Porzellan nach Kolberg gebracht? Den Ehemann haben sie ja erst 1943 eingezogen, aber was sie den herumgeschickt haben! Frau G. hat es an den Postleitzahlen gesehen! Der Mann nickt, überlebt habe er nur, weil er sich nach der Grundausbildung freiwillig gemeldet hat, als es hieß: Wer Seilbahn-Pionier werden will – vortreten!

Ausbildung ist immer gut, habe er sich gesagt, da brauchte er noch nicht an die Front, die anderen fuhr man in den Osten, von denen ist keiner wiedergekommen.

Werner G. hat unterdessen in Tirol Seilbahnen aufgebaut, später kam er zu den Eisenbahnpionieren, legte Gleise oder baute sie ab, verhalten zählt er die Namen der Städte auf, wo er Gleise demontierte: Kertsch, Odessa, Wien, Danzig, Tilsit, Amsterdam, Bonn, Wuppertal. In der Eifel hat er zum ersten Mal eine V 2 gesehen. Ein unbemanntes Geschoß mit kurzen Flügelstumpen – Gruß aus der Zukunft.

Bei Wuppertal haben wir die Knarren in eine Tanne gesteckt und sind mit hochgehaltenen Händen zum Amerikaner gegangen. Als erstes mußten wir alle Taschen auf einen Haufen werfen, der wurde ziemlich groß, und daneben standen Ostarbeiter und Leute aus den KZ, die erkannte man an der Kleidung, die durften sich davon nehmen, was sie wollten.

Fand er das ungerecht, damals?

Er zuckt mit den Schultern, waren ja schließlich unsere Taschen. Andererseits: Den Krieg hatten wir verloren, man mußte sich abfinden.

Beim Amerikaner hieß ein Lager CAMP. Ein Jahr war er im CAMP, zeigt mit einer Hand, wie klein die Büchsen waren, in denen sie ihre Ration aufhoben.

Und dann hatte ich wieder Glück, konnte Waggons abladen, da nahm man was mit, konnte tauschen und so weiter, fix mußte man schon sein, zusehen, wo man bleibt, aber ist auch vergangen, die Zeit.

Glas und Porzellan in der Vitrine sind jedenfalls neu – gekauft oder vom Betrieb geschenkt. Den Betrieb hat er ja nicht gewechselt, immer bei der Post gewesen, vor dem Krieg bei der Instandhaltung der Telefonanlagen im Reichsluftfahrtministerium eingesetzt, nach dem Krieg ist Werner G. ins gleiche Haus zurückgegangen, andere Leute kamen, neue Ministerien, keine Spur mehr von Göring, keine schwarzen Uniformen mehr, die immer hinter uns standen bei der Arbeit.

Zeig doch mal, was sie dir geschenkt haben, sagt die Frau, er winkt ab, murmelt aber etwas von Auszeichnungen. Von Fritze Ebert hat er noch die Uhr um, sagt die Frau, Auszeichnung zu den Wahlen 1967, und im Auto haben sie ihn nach Hause gefahren, als er in die Rente gegangen ist, er ist als Inspektor verabschiedet worden!

Sie selbst hat nach dem Krieg nicht mehr gearbeitet. Das hatte ich nicht mehr nötig, sagt sie. Sie sei immer krank gewesen, und Kinder hätten sie ja auch keine.

Zwischen den Fenstern steht ein runder Tisch mit gestrickter Spitzendecke, darauf ein Telefon.

Ich bin der zentrale Punkt hier, sagt Werner G., hier telefonieren sie alle, Vorsitzender der Wohnungskommission bin ich auch, dann die WBA*-Sitzungen und Parteiversammlungen, Zeit hat man gar nicht, mich kennt hier jeder, und wie zur Bestätigung klingelt es an der Wohnungstür.

Es will aber niemand telefonieren, Frau S. ist nur gekommen, um zu fragen, ob es dabei bleibt, daß sie heute nachmittag Rommé spielen.

Es bleibt dabei, und bevor ich gehe, frage ich Werner G. noch einmal nach Wanzen. Herr G. verweist auf das Dienstgeheimnis. Frau G. indes erzählt, daß es in den Kolberger Hotelzimmern immer die Berliner waren, die Wanzen hinterlassen hätten. 1935 in der Pappelallee habe sie unter der

* Wohnbezirksausschuß

Tapete auch Wanzen gefunden. Wanzen hatte nach Meinung von Frau S. bald jede Wohnung in Prenzlauer Berg. Wanzen seien überhaupt erst mit den Trümmern verschwunden, meint Frau G., aber Frau S. sagt, das MUX habe die Wanzen vertrieben. Schließlich einigen sie sich auf beides: die Trümmer und das MUX.

4 Treppen

MITTE
Marina und Ralf S.

Es öffnet ein Mann mit schwarzem Bart und dunkler Brille, hinter ihm steht noch eine Tür offen, man kann in die Küche sehen, da sitzt ein Mädchen mit blonden Zöpfen und hebt neugierig den Kopf.

Komm rein, sagt der Mann zu mir, ich bin der Ralf. Am Fensterkreuz der Küche hängt eine Marionette mit Dreispitz und schief aufgeklapptem Unterkiefer. Vor dem Fenster sitzt noch eine junge Frau, ein dickes Kind auf dem Schoß, das mit den Händen unausgesetzt auf den Tisch schlägt. Die Frau heißt Ilona.

Marina heißt das Mädchen mit den Zöpfen, sie ist Ralfs Frau.

Marina macht Flickarbeiten an einem Schürzenstoff, sie sitzt auf einem fürstlichen Stuhl, könnte ein Barockstuhl sein, wenn er nicht weiß angestrichen wäre. Ilona erzählt aufgedreht und kichrig etwas über Leute, die ich nicht kenne, Marina lacht dazu und näht, Ralf kocht mir Kaffee. Für die vierte Tasse ist der Tisch zu klein, die beiden Frauen wollen auch noch Kaffee, der Kaffee ist alle. Wir haben noch Wein, sagt Ralf und stellt Gläser auf den Tisch, dafür müssen die leeren Tassen weg. Ilona redet ununterbrochen, zwischendurch wummert das Kind auf den Tisch: In unserer Schule sind die Klassen kleiner – Wumm – Wir unterrichten verhaltensgestörte Kinder – Wumm – in jeder Berliner Schulklasse gibt es welche – Wumm – ich bin Lehrerin – Wumm – hoffentlich sieht man das nicht – Wumm.

Dem Kind hängt eine Frühstückstasche um den Hals, es kommt aus dem Kindergarten, also muß es auf den Tisch schlagen. Ilona hält ihm ab und zu die Hand fest und zieht es auf den Schoß, aber da will es nicht bleiben, und die Mutter versucht, das Gewummer zu ignorieren, erzählt weiter, sie braucht eine Pause nach der Arbeit. Schließlich schrickt sie auf, sie muß noch einkaufen.

Ilona ist unsere Vormieterin, sagt Marina, und ich frage Ilona, wie lange sie hier gewohnt hat. Vier Jahre, sagt sie, während sie dem Kind den Mantel zuknöpft, immer allein mit ihr. In dieser Zeit war Ilonas Mann bei der Armee, danach wegen Nieren-Tbc im Krankenhaus, deswegen haben sie eine Wohnung mit Bad bekommen, zwei Straßen weiter. Das Kind ist fertig angezogen, jetzt schlägt es mit den Händen an die Tür, Ilona zieht sich an: schwarzen Mantel, schwarzen Schal, schwarze Baskenmütze schräg übers Ohr.

Ralf und Marina wohnen seit vier Wochen in dieser Wohnung, er zeigt sie mir, beide Zimmer sind als Wohnzimmer eingerichtet, für jeden eines, danach gehen wir zurück an den kleinen Küchentisch. Jetzt haben wir zwei Zimmer, sagt Marina, und sitzen immer in der Küche.

Die Wohnung bekamen sie, weil sie ein Kind hatten, es war ein Jahr alt und ist vor vier Monaten an einer Herzkrankheit gestorben. Marina spricht über das Kind, nur einmal kommen ihr die Tränen, wenn sie erzählt, wie sie von Arzt zu Arzt lief und abgewiesen wurde: Ihr Kind ist gesund. Über sich selbst während dieser Zeit spricht sie nicht, malt das eigene Leid nicht aus, sagt nur, daß sie noch einmal ein Kind haben wollen, dreht sich zur Marionette am Fenster, faßt sie am Bein: Ist der Baron nicht schön?

Der Baron Münchhausen wird heute abgeschickt nach Meerane. Ralf führt die Puppe vor – Kopf hoch, Kopf zur Seite, da klappt der Unterkiefer herunter. – Ich habe doch gleich gesagt, mach ihn fest. – Nein, den habe ich extra am Ring, der soll so weit aufgehen, wie der Spieler will. – Fällt doch immer runter, sagt Marina. Baron Münchhausen ist ihre erste gemeinsame Arbeit, Ralf hat die Puppe gebaut und Marina das Kostüm genäht, aus blauem Brokat.

Sie zeigt den Stoff, der auf ihren Knien liegt, das wird ein Kleid für Gretel. Marina erzählt von sich, von einem Berliner Haus mit Garten, in dem sie aufgewachsen ist, von großen Festen mit sechs Geschwistern und von der Mutter, die ich unbedingt kennenlernen müßte, weil sie so eine außergewöhnliche Frau sei. Und viel schöner als ich, sagt Marina.

Ralf hört zu, ich frage ihn nach seiner Kindheit, er spricht wie über einen Fremden, dessen Geschichte ihn einmal beschäftigt hat.

Ralf wurde 1943 in Quedlinburg geboren, als er zur Welt kam, war sein Vater schon als Soldat gefallen, die Mutter starb zwei Jahre später an Diphtherie, im gleichen Jahr standen die amerikanischen Truppen vor Quedlinburg, und der Großvater, greiser preußischer Husarenoffizier, nahm seine Jagdflinte und beschloß, die Großmutter, das kleine Kind und sich auf der höchsten Erhebung vor der Stadt zu erschießen. Der Berg heißt Hammwarte, auf dem Weg dorthin empörte sich die Großmutter gegen ihren Mann, so daß er unverrichteter Dinge mit den beiden wieder nach Hause zog.

Fünf Tage später fand er doch noch den Tod, während des Artilleriebeschusses der Stadt traf ihn ein Balken am Kopf. Den Jungen hat die alte Frau großgezogen, bekam im Monat für ihn 60 Mark Waisenrente, wollte trotzdem, daß er zur Oberschule geht, da war er der Ärmste in der Klasse. Als er 16 Jahre alt war, hat man ihn von der Schule verwiesen, weil er ein Kreuz des Großvaters um den Hals getragen hatte (Kyffhäuserbund), es hieß, er sei ein Revanchist. Der Junge hat nichts verstanden, wußte nichts über den Kyffhäuserbund, begann eine Schriftsetzerlehre, wollte weg aus der Kleinstadt, ließ sich zum Erdöl anwerben, auf die Bohrtürme der Altmark.

Erzähl doch ausführlicher, sagt Marina, sonst erzählt er immer große Geschichten, was sie angestellt haben.

Es war verlorene Zeit, sagt Ralf, elf Jahre Erdöl, fünf Jahre hätten genügt.

Wir reden darüber, was fünf Jahre lang gut war: Die schwere Arbeit war gut, das Leben im Wohnwagen, der weite Himmel, besonders nachts, das Wetter auszuhalten war gut, das Geld war gut, an freien Tagen im Quedlinburger Gasthof »Zur Sonne« sitzen, Kaffee trinken und zusehen, wie die Leute, die einen aus der Stadt vertreiben wollten, mit ihren kleinen Aktentaschen zur Arbeit laufen müssen, das war auch gut, mit dem Raupenschlepper zum Tanz fahren, trinken, sich prügeln und vertragen, stolz sein auf seine starken Arme, das war gut.

Wie Erdöl riecht, das weiß Ralf bis heute nicht, er hat elf Jahre gesucht und nichts gefunden. Lacht darüber, sagt aber, es hätte ihn auch damals nicht erschüttert – ich wußte schon immer, daß ich Künstler werde.

Nun, vielleicht nicht immer, aber spätestens, seit er die Bilder in Klumps Wohnzimmer gesehen hat. (Der Architekt Klump war der Vater eines Quedlinburger Schulfreundes und besaß Originale von Feininger und Klee.) Ich hatte von nichts eine Ahnung, sagt Ralf, aber ich bin draufzugegangen und wußte einfach: Das ist ganz große Kunst, und ich werde auch Künstler.

Was er selbst einmal machen würde, habe er nicht gewußt, die Oma konnte ihm da auch nicht helfen, und nach dem Rausschmiß aus der Schule und dem spießigen Klima unter den Stehkragenproletariern der kleinen Druckerei (die sprachen sich mit »Sie« an!) sei ihm die Freiheit der Erdölbohrer am liebsten gewesen. Erst 1975 kam er nach Berlin, wurde Bühnenhandwerker, später Assistent im Sandmännchenstudio.

Die Bohrarbeiter nannten ihn aber schon »Künstler«, weil vor seinem Wohnwagen geschnitzte Figuren standen.

Im vergangenen Winter hat Ralf dem Verband Bildender Künstler seine Puppen vorgelegt, erhielt eine Arbeitserlaubnis als Puppenhersteller, darf seitdem freischaffend arbeiten, den ersten großen Auftrag erteilte ein Kindersanatorium, es wünschte sich einen Holzspielplatz. In acht Wochen hat Ralf vier große Holztiere aus Baumstämmen gehauen, spricht schwärmerisch von diesem Sommer – er habe nicht geahnt, daß man so wunderbar leben kann: früh aufstehen, in den Park gehen, arbeiten bis zur Dunkelheit. Die Kinder sehen zu, rufen zum Essen, sonst ist es still.

Im gleichen Sommer hat Marina Ralf zuliebe begonnen, den Puppen die Kostüme zu nähen, es war wegen des Unglücks mit dem Kind und auch, weil er meinte, das Leben sei leichter, wenn Mann und Frau zusammen arbeiten. So ein Zusammenleben sei immer sein Traum gewesen.

Marina wollte nicht. Sie konnte gar nicht nähen.

Marina konnte verkaufen, das hatte sie gelernt und fand es furchtbar, weil die Leute so dumm sind.

Wir streiten darüber, ob man gern Verkäuferin sein kann. Marina behauptet, spätestens nach einem Jahr wäre ich ihrer Meinung, und die Kunden seien selbst schuld an den unfreundlichen Verkäuferinnen. Für sie ist der Prototyp des Kunden der Primitive, mit den Taschen voller Geld, der ihr gegenübersteht und nur KAUFEN will. Wenn er nicht so gierig wäre, würde er das KAUFEN nicht so ernst nehmen, er könnte den Kopf heben und mit Marina ein paar Worte reden.

Er hebt den Kopf aber nicht, sondern ruft durch den Laden: Was macht der Mantel hier auf der Stange?

Er hebt den Kopf aber nicht, sondern ruft durch den Laden: Was macht der Mantel hier auf der Stange?

Marinas Antwort: Das weiß ich nicht, was der Mantel auf der Stange da macht!

Ralf zuliebe hat Marina Nähen gelernt, Münchhausens blaues Jackett ist ihr gelungen, etwas so Schweres – eine taillierte Jacke! Jetzt kann sie sich mit Ralf zusammen den Arbeitstag einteilen, sie sagt, er sei streng, zuerst käme die Arbeit und später erst ein Bier in der Kneipe unten. Dann seufzt sie und sieht ganz mild dabei aus: Ach, Irina, gut, daß ich bei Ralf so lange ausgehalten habe.

Wenn die Gretel fertig ist, dazu noch ein Kasper und ein Glöckner, dann machen sie erst einmal Urlaub, Ralf will Marina Quedlinburg zeigen, die Burg, die Sandsteine und vor allem die alten Gasthöfe, einige sollen noch geöffnet haben.

4 Treppen

RECHTS

Manfred und Richarda M.

Der hinter dieser Tür wohnt, den kenne ich schon: Manfred M., zwei Meter hoch, ein Meter breit, Maurer.

Ich sah ihn abends auf dem Hof Türen oder Bänke reparieren, immer standen Leute dabei, berlinisch laut sprach er mit ihnen, und manches, womit er sie zum Lachen brachte, ging auf Kosten von Zuhörern, die er hinter den Fenstern vermutete.

Einmal hat er mich herangerufen und vor Publikum über meinen Beruf befragt. Er nahm wohl an, ich würde Schwierigkeiten haben, eine Nichtstuerei dieser Art zu erklären. Daß ich aufschreibe, was die Bewohner seines Hauses mir erzählen, fand er sofort richtig, aber nur, wenn ich mich an diesen Satz von Otto Grotewohl hielte: »Schreiben Sie keine frisierten Artikel!«

Irgendwann zeigte er mir eine weiße Fahne mit dem Emblem der III. Weltfestspiele 1951 in Berlin, sagte, er habe sie zwischen Lumpen gefunden, unerträglich, einer schönen Erinnerung so zu begegnen, und daß man sie waschen und bügeln müsse. Tatsächlich hing die Fahne Tage später an einem Fenster der vierten Etage, allerdings ungebügelt.

Jetzt stehe ich vor der Wohnungstür, es öffnet nicht der Riese, sondern eine winzige Frau, vorsichtig schiebt sie die Tür auf und geht mit Trippelschritten voran ins Wohnzimmer. Da sitzt Manfred M. auf dem Sofa, vor sich auf dem Tisch eine Flasche Cola, daneben eine Flasche Kognak, der Fernsehapparat läuft – Fußball.

An den ersten Tag in dieser Wohnung kann er sich genau erinnern, es war Ende Juli des Jahres 1959, ein schöner Tag, Sonnenschein, die Wohnung leer. Und zuerst haben wir die Schule gesehen, sagt Frau M. dazwischen, da haben wir uns gefreut.

Eingezogen sind sie im August, mit der Firma WIEDEMANN, an einem Sonnabend, damals noch ein Arbeitstag, ein Kollege hat Frau M. beim Umzug geholfen, weil Manfred M. wieder mal etwas zu tun hatte, Brigadeabrechnung oder so. Zuerst wurden die Kinderbetten aufgestellt, spätabends protestierten die Kinder plötzlich gegen ihr kleines Zimmer, die Eltern nahmen die Betten noch einmal auseinander und stellten sie in dem Zimmer auf, das die Kinder wollten. Du hast das erlaubt, sagt Frau M. schnell.

Aufgebracht hat das unsere Doris, sagt der Mann.

Doris ist die älteste von dreien, wenn Manfred M. von Doris spricht, lächelt er, Doris ist seine einzige Tochter und nach jeder Bemerkung über sie sagt er:

Die hat ja auch studiert.

Dieser immer wiederkehrende Satz ist Manfred M.'s Zusammenfassung zur Tochter. Für sich selbst hat er auch so einen Satz:

Ich bin Arbeiter.

Manfred M. hat 10 Klassen abgeschlossen, Mittelschule hieß das damals, er sollte weiterlernen, aber er wollte Maurer sein. Und wie viele Delegierungen es später noch für ihn gegeben habe, er winkt ab, das wüßte er nicht mehr, das habe ihn nicht interessiert. Nicht interessiert, basta, sein erstes Kind war unterwegs, vielleicht wäre er sonst heute Ingenieur oder Lehrer, Lehrer wäre er ja gern geworden, aber so – sind wir eben Arbeiter.

Wenn er *Maurer* sagt, klingt das ganz anders.

Ich mache ihn darauf aufmerksam, na ja, sagt er, Maurer

ist auch ein schöner Beruf, betont das *auch* – also schön schon, aber vielleicht nicht der richtige?

Doch, doch, aber mancher dächte heimlich, der Mann sei nur wegen seiner Kelle etwas wert, auf der Straße brauche man ihn nicht zu grüßen – oder wie?

Manfred M. ist auf der Straße nicht zu übersehen, will er behaupten, man grüße ihn nicht?

Nein, so direkt will er das nicht gesagt haben, aber man hat schon seine Kunden... Er spricht den Satz nicht zu Ende, kratzt sich am Kopf, also, ist schon ein schöner Beruf, Maurer, das soll hier nicht schief herauskommen. Den Beruf hat er vom Großvater, einem Berliner Maurerpolier. Ein Polier, sagt Manfred M., ha, der mußte was können als Maurer!

Sein Großvater konnte also etwas, was hat er gebaut?

Der Enkel überlegt, erzählt, ich schreibe:

Wohnungen

Reichsluftfahrtministerium

Luftschutzräume

gröbste Reparaturen.

Ich lese es Manfred M. vor, so wie es hintereinandersteht, er ist überrascht, so klar war ihm das nicht, dem Großvater vielleicht auch nicht, der soll froh gewesen sein, daß er Arbeit hatte.

Über den Vater spricht er ungern, nach dem muß man fragen, der soll zackig gewesen sein, Mitglied in allen Parteien – erst SPD, dann NSDAP, nach der Entnazifizierung gleich KPD, nur hätte ihn damals jemand als Nazi erkannt, und er habe das Parteibuch wieder abgeben müssen.

Manfred M. sagt, sein Vater hätte ihn gerne den Heldentod sterben sehen, möglichst mit einer Panzerfaust in der Hand. Wenn er an den Vater denkt, erinnert er sich an die Paraden, zu denen der Vater mit ihm ging, besonders an die letzte Parade, bei der »Kameraden von der Hauptkampflinie« mitmarschierten, denn die habe er bald wiedergesehen. Das erzählt er so:

Als wir ausgebombt waren, hatte ich nur noch die schwarze Uniform vom Jungvolk, wie ich mich geärgert habe! Die Knöpfe habe ich abgerissen, hat ja nichts genutzt! Mutter und ich sitzen in der Boxhagener Straße im Keller, ich gehe mal hoch gucken, nanu, denke ich, soweit kann der Führer sich doch nicht zurückgezogen haben, da laufen doch unsere tapferen Soldaten vorbei! Sieben Mann ziehen eine PAK* am Strick! Die Hauptkampflinie! Ich gucke wieder, da kommt ein Russe, noch einer, noch einer, die rennen von einem Haus zum nächsten, schmeißen sich hin, schießen, laufen weiter, so kommen die in die Höhe unseres Hauses. – Heute wüßte ich, daß die nicht nur auf einer Straßenseite laufen, aber damals guckte ich zu wie im Kino, auf einmal stand einer vor mir mit der MP, der hätte bloß durchzuziehen brauchen auf meine scheißschwarze Uniform, aber der hat nur was geschrien, ich runter in den Luftschutzkeller und rufe: Die Russen sind oben! – Habe ich gleich vom Luftschutzwart eins aufs Maul gekriegt. Soll keinen Blödsinn erzählen.

Er erzählt mit großen Gesten, gut, daß er allein auf dem Sofa sitzt. Das Glas Cola in der Hand, beschreibt er die letzten Tage des Krieges, die ersten Tage des Friedens, wie er Lehrling wurde und den Kalkstaub nicht vertrug (meine roten Augen!), wie er in die FDJ eingetreten ist und den Auftrag bekam, einen Vortrag über Puschkin und Joliot Curie zu halten (die kannte damals in Berlin kein Mensch!), gesprochen hat er im Café Lehnbach, das war geschlossen worden (Schieberkneipe!) und als FDJ-Wohnbezirksklub wieder

* Panzerabwehrkanone

eröffnet. Ein funktionierender Klub (nicht Disko, sondern Diskussionen!), immer voll, und oft habe einer den anderen etwas vorgelesen, da mußte nicht erst ein Schriftsteller kommen. Einer der aktivsten FDJler der Gegend war ich, damals vor den Weltfestspielen, wir waren so was von begeistert, ich hielt wieder mal eine Rede, da kam sie (große Geste zum Sessel) herein! Richarda!

Die kleine Frau sitzt schräg auf der Sesselkante und hört zu.

Sie sagt nichts!

1953 hätten sie geheiratet, vor 27 Jahren, aber schon damals im Klub habe er sich darüber geärgert, daß sie nichts sagt. Sie sagt nichts! ist der Satz, den er anhängt, wenn er über seine Frau gesprochen hat.

Na, sag doch mal was! Und überzeugt davon, daß sie nichts sagen wird, will er weitererzählen – da spricht sie.

Mit hoher Stimme erzählt sie nun von ihrer wundersamen Rückkehr in den Stadtbezirk Friedrichshain, in dem sie und ihr Mann im gleichen Jahr geboren wurden, aus dem eine Tante sie aber schon als Baby in ein Dorf bei Neustettin holte, weil die Mutter 1933 starb. Die Tante hat sie großgezogen, ist mit ihr, dem Großvater und einem Handwagen 1945 auf den Treck gegangen, in der ersten Nacht liefen sie durch einen Wald, in dem tote Soldaten an den Bäumen hingen. Frau M. hält die Hände vor das Gesicht, sie will nicht daran denken, Deutsche hatten Deutsche aufgehängt, weil die nicht mehr kämpfen wollten.

Die Hauptkampflinie, sagt Manfred M. dazwischen.

Die Tante kam mit dem Kind Richarda bis an die Müritz, dort wohnte Onkel Gustav, ein Förster. Sein Revier war ein Privatforst, gehörte einem Staatsrat Hermann, Richarda hatte die Ferien manchmal dort verbracht, große Jagden hatte es gegeben, Richarda war bei den Treibern, bei den Jägern war Hermann Göring, sie hat ihn gesehen, mit dickem Bauch und in Lederhosen.

Schießen konnte er nicht, sagt Manfred M., Onkel Gustav hat gesagt, er konnte nicht schießen, mußte immer einer hinterstehen.

Nach dem Krieg gab es den Privatforst nicht mehr, der Zaun verschwand, die Försterei blieb, auch den Namen behielt sie: Fauler Ort. Von der Försterei bis zum Dorf waren es zwei Kilometer, ein Hund hat das Mädchen früh zur Schule begleitet und stand schon vor dem Schulhaus, wenn der Unterricht zu Ende war – Alf, ein schwarzer Schäferhund.

Als Richarda 14 Jahre alt war, zog die Tante wegen der Ausbildung mit ihr nach Berlin, in der Neuen Friedrichstraße lernte Richarda Frisöse, später kam die Kaltwelle in Mode, Richarda vertrug die Säure nicht, wurde Verkäuferin, Spritzlackiererin im EAW* und schließlich Apothekenhilfe. Damals hatte sie schon drei Kinder, jetzt sind die groß: Doris ist Ökonom, Norbert Elektriker und Peter Autoschlosser.

Beruf und Arbeitsstelle haben die Eheleute seit zwanzig Jahren nicht gewechselt, er ist Brigadier einer Maurerbrigade, die in Prenzlauer Berg Altbauwohnungen ausbaut, sie Apothekenhilfe mit Facharbeiterabschluß.

Kommen alle zu ihr, sagt Manfred M., gehen lieber zu ihr als zum Arzt, und lacht wieder laut, die Frau schüttelt den Kopf – alles übertrieben.

Warum denn, sagt der Mann, seit zwanzig Jahren wohnen wir hier, wir drücken uns um nichts, das kann sie ruhig schreiben! 8000 VMI-Stunden habe ich geleistet, seit wir hier wohnen, 8000! Soll einer nachmachen, alle Reparaturen machen wir selber. Wir – wenn ich das schon höre, ge-

* Elektroapparatewerk

nauer gesagt: die HGL, noch genauer gesagt: meine Alte-Herren-Riege! Immer dieselben!

VMI heißt Volkswirtschaftliche Masseninitiative, vor Jahren gab es dafür die Abkürzung NAW, die stand für Nationales Aufbauwerk.

Wer hier einzieht, wartet doch bloß auf eine Neubauwohnung, sagt Manfred M., dem ist egal, wie lange das Haus noch steht, und am Wochenende darf man sowieso niemanden ansprechen.

Manfred M. hat auch ein Häuschen mit Garten, wäre ja lächerlich, wenn er als Maurer keins zusammenbekommen hätte in zwanzig Jahren, aber ehrlich, das will er betont sehen, alles *ehrlich*! Auch eine Neubauwohnung hätte er längst haben können, will aber nicht aus Prenzlauer Berg raus. Wo sonst kennt er alle Wohnungen, wo sonst wird er angesprochen, kaum daß er die Straße betritt, es hagelt Gefälligkeiten und Versprechungen auf beiden Seiten, denn nur *einen* Klempner gibt es hier, den jeder kennt, nur *einen* Ofensetzer und nur *einen* Maurer – und das ist er. Er erzählt es mit kokett niedergeschlagenen Augen, jawohl, auf der Straße kann er mitreden, und im Haus muß er sowieso nach Ordnung sehen.

Volksverbundenheit – sagt er suffisant. Dann winkt er ab, bin selber bloß Volk, aber Übersicht macht sich bezahlt.

Darum habe er auch kein Auto, mit dem Rad fährt er von einer Baustelle zur anderen, und wenn er so nach seiner Brigade sieht und wenn Arbeit fehlt (wenn der Wasserkopp schläft!), dann weiß er schon wieder, wo es weitergehen könnte.

Den ganzen Tag in der Kneipe, sagt er, das wäre für unsereinen zu teuer. Apropos teuer. Ist so manches teuer geworden mit der Zeit. Zum Beispiel der Satz: Material bringe ich mit.

Als er noch FDJler war, sei es üblich gewesen, in die Trümmer zu gehen und Steine zu putzen. Für Null-Ouvert!

Er allein hätte ungefähr so viel Ziegel abgeputzt, daß man daraus ein vierstöckiges Haus bauen könnte, ein Haus wie das, in dem er wohnt! Soll er diese Ziegel nun wieder stehlen, um nach Feierabend Geld damit zu verdienen? Das Material bringe ich mit!?

Darüber will er mit mir reden: Ob er hinter der Zeit zurückgeblieben ist? Ist er dumm, wenn er den Leuten der Gegend nicht NEIN sagen kann und wenig Geld nimmt für seine Arbeit? Macht er sich lächerlich, wenn er VMI-Einsätze organisiert?

Manfred M. will nicht der Dumme sein.

Offiziell bin ich nicht der Dumme, sagt er, dreimal habe er die Silberne Ehrennadel der Nationalen Front, viermal sei er Aktivist geworden, und die Verdienstmedaille der DDR habe er auch, aber ob das nun viel über einen Menschen sagt? Wat bin ick?

Er überlegt und zählt dann an den Fingern seiner großen Hand auf, was er nicht ist: Knast – nicht, abgehauen – nicht, fremdgegangen – nicht, geschieden – nicht, und, beim kleinen Finger angekommen: Ah, ein Maurer! Das kann ich nicht mehr hören. Zum Beispiel, als seine Tochter Doris in die Erweiterte Oberschule kam, war sie das einzige Arbeiterkind in der Klasse, auf der ersten Elternversammlung sagte die Lehrerin: Ah, ein Maurer! Unser Raum müßte neu gemalert werden. – Ick alleene? hat Manfred M. gefragt, und Schweigen sei im Raum gewesen. Bestellen wir eben einen Maler, soll einer von den Eltern gesagt haben, und sofort hätte jeder einen Geldschein in der Hand gehalten. – Ich habe nichts gegeben, sagt Manfred M. – Aus Prinzip.

Wir lachen, es klingelt, ein alter Mann kommt, Rudi, hast du nun die Rohre, sagt Manfred M., es klingelt wieder, eine Frau mit weißem Spitz schlurft herein, will mit Frau Richarda alleine sprechen, da sehen Sie, sagt der Hausherr zu mir und bietet allen Platz in den Sesseln an. Platz ist genug, nur die Stoffzwerge etwas beiseite schieben, Schlümpfe heißen die in Berlin 1980.

Hof

Hof

Der Hof zwischen Vorderhaus und Quergebäude ist muldenreich betoniert, bietet Gelegenheit für Pfützen jeder Art. Die Toreinfahrt, angelegt für die Werkstatt, von der man 1892 noch nicht wissen konnte, wer sie mieten würde (zuerst ein Tischler, später ein Fahrradmechaniker, dann ein Markisenbauer), erlaubt heute die Aufstellung von zwei Müllcontainern. Die Müllabfuhr placiert sie in die Mitte des Hofes, direkt vor ein in Ziegelsteinen eingefaßtes Rondell. Auf diesem Rondell zeigt sich im Sommer ein dürftiger Kranz grüner Pflanzen, das Zeug blüht rosa, rund um einige Tulpen, deren freundlicher Spender die Mitte nicht ganz getroffen hat.

Im letzten Drittel des Hofes, wo eine Kastanie aus der Erde wächst, haben die Betonierer ein Stück ausgespart und durch eine Stufe abgesetzt. Kastanien wachsen auch auf dunklen Höfen, dieser Hof hat genug Licht, die Hinterhäuser bilden ein ungleichmäßiges Fünfeck, aus allen Fenstern und Balkons kann man den Baum sehen. Er wird etwa 80 Jahre alt sein, kann also noch nicht hier gestanden haben, als das Gelände noch Ackerland des Bauern Griebenow war.

An die Rückwand des Nachbarhauses, von der aus eine Mauer um den ganzen Hof läuft, ist eine Werkstatt gebaut. Auf sehr vielen Höfen des Berliner Nordens finden sich Werkstätten, sie brachten zusätzliche Mieten und Arbeitsplätze, wenn auch die Handwerker längst nicht mehr selbst produzierten, sondern nur noch reparierten oder Großunternehmen zulieferten.

An der Mauer stehen zwei Bänke, ab Mittag erreicht sie der Schatten des Baumes, alte Frauen sitzen mitunter dort, auf jeden Fall Emma S., die die Katzen füttert. Die Katzen leben in den Kellern und Höfen der umliegenden Häuser, die meisten sind schwarz, ein Kater graugestreift. Emma S. kann sie unterscheiden, ich weiß nicht, ob es immer dieselben waren, die ich sah, sie räkelten sich neben den Müllcontainern und liefen nicht weg.

Auf einem alten Foto, etwa 1910 aufgenommen, sieht man den Baum klein, die Einfassung des Rondells aus glasierten, weißen Ziegeln, einen leichten Holzzaun anstelle der Mauer, Kinder in dunklen Schürzen.

Frau F. hatte mir das Bild gezeigt, sie selbst war auch darauf zu sehen, eine dicke Dreijährige mit weißem Kragen. Die Mütter seien ja damals nicht arbeiten gegangen, waren immer gleich am Fenster, wenn man rief, und sauber sei es immer gewesen, zumal an den Wochenenden, der Verwalter fegte Sonnabendmittag aus und schickte die Kinder hoch, bis zum Sonntagabend durften sie auf dem Hof nicht spielen, da herrschte Familienleben auf den Balkons, und die Väter ruhten sich von der Arbeit aus.

Die einzige Mutter, die ich jetzt regelmäßig am Fenster sah, war Sylvia S., parterre rechts, breitschultrig, die Arme fest auf das Kissen im Fensterbrett gestützt.

Alle Wände, die den Hof einschließen, blättern ab, bilden starre, bizarre Muster. Wenn man sie berührt, kommen sie in Bewegung, es rieselt. Vom Straßenlärm hört man hier nichts, an wirklich schönen Sommertagen könnte der Hof mit der grünen Kastanie eine Oase sein.

Im Sommer 1979 standen auf dem Hof Leute und zeigten auf ein Fenster hoch über der Zwischenmauer, frühmorgens war dort ein Mann hinausgestürzt. Wer er war und ob es Absicht war oder nicht, wußte niemand.

Im Herbst veranstaltete Manfred M. einen Arbeitseinsatz auf dem Hof, zählte die Anwesenden und sagte, es seien wieder soviel wie beim letzten Mal, wieder dieselben.

Im Winter erschienen auf dem Rondell ein Schneemann und ein kleiner Hund aus Schnee. Zwei Halbwüchsige schossen mit Schnee danach, bis Bruno C. aus dem Fenster sah und sagte: Laßt die mal stehen!

Im Frühling erschien am Hoftor neben der Schrift ZORRO *eine neue Kreideschrift:* DOOF IST DIESER HOF.

Im Sommer waren beide Schriften verschwunden, dagegen stand nun auf der Kellertür des Hinterhauses fünfmal der Buchstabe Z.

Im Herbst wurden die Fallrohre erneuert, eines wurde rostbraun, das andere grau, beide aus Plastik, und die Bänke verschwanden.

Im Winter ließ die KWV die Backstube ausräumen. Der Riesenkühlschrank und die eisernen Halterungen für Kuchenbleche wurden neben der Werkstatt von Frau G. an die Wand gestellt. Maurer kamen und zogen eine dünne Wand um das Gerümpel, etwa einen Meter hoch. Auf die schmale Mauerkante legte jemand eines der langen Brotbretter aus Pappelholz, und das blieb so liegen bis zum Frühling.

Hof

WERKSTATT
Elsa G.

WASSERDICHTE WASSERPLANE & MARKISENBAU
gegr. 1904

steht über Tür und Fenster, viel Glas, verstaubt von innen, verstaubt von außen, das Fenster mit einer Decke verhängt. Sinnlos, auf die Klinke zu drücken, sollen die Leute wohl denken, Frau G. sagt, der Fensterputzer versetze sie immer wieder. Als ich zum ersten Mal die Klinke drückte und die Tür unerwartet aufging, stand ich vor zwei alten Frauen, die größere sagte gleichmütig: Ja, sehen Sie sich ruhig einmal um.

Die Werkstatt hat Frau G. mit ihrem Mann 1945 eingerichtet, vorher war darin ein Fahrradreparaturbetrieb. Herr G. wiederum hatte bis 1945 am Alexanderplatz einen Markisenladen mit Schlosserei besessen – Schlosserei gehört eigentlich dazu, aber hier haben sie darauf verzichtet.

Frau G. griff ins Regal, zog Segeltuch heraus, warf es auf den Tisch, eine MP muß mehrere Salven darauf abgefeuert haben, bevor der Besitzer es in Fetzen gerissen hat. Frau G. sagte Bootsplane dazu. So was bringen sie mir, die Brüder. Dann fragte sie nach meinem Beruf und fand ihn erstaunlich. Vor kurzem sei ein Richter hier gewesen, das habe sie gar nicht glauben können, bis der Mann bei der Antwort: Ja, ich bin wirklich Richter, selber lachen mußte.

Das Wort »Richter« war ihr komisch. Daß ein Mensch andere richtet, so als Beruf, dabei sei doch alles Schicksal.

Ihr Schicksal sei der Joseph Goebbels gewesen. Der hat

1939 die Reichsdeutschen aus Rumänien nach Deutschland zurückgetrommelt. Die Eltern waren auch Schicksal, weil sie ihnen nach Berlin gefolgt ist, und der Krieg. Der hat dem Werkstattbesitzer G. Frau und Kind getötet, worauf er 1948 im Pankower Rathaus zum zweiten Mal heiratete. Der Mann war 32 Jahre älter, er hat ihr 16 Jahre treu zur Seite gestanden, und das war ihr schon alles in die Wiege gelegt, denn jedes Menschen Schicksal sei in seine Wiege gelegt, da könne er gar nichts machen, so sei es, nur so, aber nur!

Es klang dunkel, wie sie das sagte und dabei an dem grauen Lappen faltete und nähte, unterdessen stand die alte Freundin steif mit ihrem grünen Hütchen an der Wand, warf kurze Blicke auf mich und murmelte: Die jungen Leute glauben heute alle nicht mehr an Gott.

Stimme vom Zuschneidetisch: Gott, Gott, na, alles muß einen Namen haben, aber NATUR, die höhere Gewalt, da kannst du nichts machen, da kann keiner ran! Und gut, daß es so ist, wenn der Mensch da wollte jeder nach seiner Weise zotteln!

Ich fragte, ob man denn nicht wenigstens ein kleines bißchen selbst bestimmen könnte, eine Kleinigkeit gestand sie mir zu, ja ... über sich selbst bestimmen kann man auch ..., das kam zögernd, schnell und laut dagegen: Aber wenn bestimmt ist dein Schicksal, dem kannst du nicht entgehen! Die Freundin an der Wand nickte trübe.

Beim Sprechen rollt Frau G. das »R« und sagt »Brider« statt »Brüder«. So sprach man in Czernowitz, in der Bukowina. Jedesmal, wenn Frau G. den Namen Czernowitz ausspricht, richtet sie sich auf.

Wie wunderschön, das Städtel!

Und kann das nicht alles in Frieden leben?!

Sie fuchtelt mit der Schneiderschere in der Luft und ruft: Das ist immer nur eine Handvoll! Aber die haben die Macht!

Die Macht des Bösen wird hier nicht bezweifelt, das Dumme am Guten ist seine Schwäche. Vorhanden ist es auch, aber das Böse marschiert: eine zerstörungswütige Jugend, Paare, die nicht heiraten, um den Staat auszunutzen. Der Staat soll mal auf die Leute hören, sagt Frau G., er macht viele Fehler, aber das will er nicht einsehen.

Überhaupt, mit vierzehn haben wir noch gepuppt! Wir waren viel zufriedener. Wenn wir unsere Sonntagskleider anziehen durften, waren wir schon zufrieden.

Zufrieden aus Czernowitz weggegangen?

– Wir haben eben mehr gemacht, was gesagt wurde.

Die Werkstatt besteht aus zwei Räumen, in einem der drei Meter lange Zuschneidetisch, im anderen zwei alte Nähmaschinen, vor jeder eine rohe Holzbank.

Hier saßen sie, Mann und Frau, und nähten Planen für LKW, die mußten auch noch imprägniert werden.

Mir fiel auf, daß alles im Raum braun war – der ölige Stahl der Maschinen, die Tapeten, das Holz der Regale, Tische, Dielen und die Pappschachteln in allen Ecken. Sonne schien durch das staubige Fenster. Hinter mir, Frau G., sprach leise mit der Bootsplane. Bleib ruhig, Bursche! Die lachen sowieso, daß ich so was annehme. Ich werd dir schon zusammenzotteln.

In der Stille schien die Zeit verschoben: Ich war in einer braun getönten Fotografie von einer Nähstube des Ostens. Da plärrte die Frau mit dem grünen Hut: Nee, nee, entweder sind wir zu früh geboren oder zu spät.

Eine Woche später zeigte mir eine Freundin ein neues Buch: Gedichte von Selma Meerbaum-Eisinger, wiederaufgefundene Gedichte eines Mädchens, 1923 geboren, von der SS mit 18 Jahren getötet, das Mädchen Selma war aus Czernowitz.

Ich dachte an Frau G., wie sie in Schürze und Lederstiefeln

vom Morgen bis zum Abend an ihren harten Stoffen herumzerrt und aus Gutmütigkeit keinen Auftrag verweigert, und vielleicht hat sie Selma Meerbaum sogar gekannt.

Drei Tage später fragte ich sie danach. Frau G. versuchte, sich zu erinnern.

Ich war als junges Mädchen Sprechstundenhilfe bei einem Hals-Nasen-Ohren-Arzt, da kannte man ja beinahe alle.

Ein jüdisches Mädchen, die Mutter führte ein Posamentengeschäft.

Na, alle konnte man ja auch nicht kennen.

Sie ist in einem Lager umgekommen.

Furchtbar, sagte Frau G. Sie erzählte, daß ihr Vater als Rittmeister ein Gut nahe bei der Stadt verwaltet hatte und zu den ersten Deutschen gehörte, die dem Aufruf der Hitlerregierung gefolgt waren, ins Reich zurückzukehren. Er sei glücklich dabei gewesen, für ihn habe es nur immer Deutschland, Deutschland gegeben. 1939 seien die ersten vier deutschen Familien aus dem Ausland in Berlin eingetroffen. Eine aus Brasilien, eine aus Lettland, die dritte aus Siebenbürgen, die vierte Familie war ihre eigene, sie kam aus der Bukowina.

Wir waren die ersten Rückwanderer.

Wenn ich in der Nähe des Hauses bin, besuche ich Frau G., immer rückt sie mir einen Stuhl zurecht und will sich unterhalten. Ich sehe zu, wie sie die schweren Tuche glattstreicht und zusammensteckt, ich höre ihrer Sprache zu, von der ich nur aus Büchern weiß, seit ich die Gedichte kenne, fühle ich mich in der Werkstatt nicht mehr wie in einer vergangenen Zeit. Ich setze mich außerdem immer so, daß ich die Fenster des Mietshauses gegenüber sehen kann.

Frau G. spricht oft von Liebe. Nach Liebe lechzt man, sagt sie dann, obwohl man schon so alt ist, und schüttelt ihre blonden, graumelierten Locken.

Hof

EIN FENSTER

Das Fenster ist das einzige an der sonst kahlen Front des Nachbarhauses: Am Tag brennt darin eine Neonlampe, weiße Gardinen sind zu sehen, das Gitter vor dem Fenster ist neu, weiß gestrichen, manchmal hört man eine Schreibmaschine.

Wenn man den Laden des Nachbarhauses betreten könnte, der früher einmal eine Fleischerei war (ganz hinten waren Pferdeställe, das sehen Sie noch am gemauerten Torbogen), käme man schließlich in das Zimmer mit diesem Fenster, aber der Laden wird jetzt von einem Reisebüro als Lager genutzt. Das Reisebüro hat die ganze Etage seit 10 Jahren gemietet, sagt eine Frau im weißen Kittel, der Direktor säße nebenan, der müßte das wohl erst einmal genehmigen. Eingang über den Hof.

Im Hof nebenan stehen vier Kastanien, darunter liegen vier riesige Autoreifen (Geschenk der Hausgemeinschaft an die Kinder), alle Parterrefenster haben weiße Gitter. Neben die sechs verbeulten Briefkästen des Hinterhauses hat das Reisebüro sich eine Stahltür einbauen lassen, an deren Innenseite klebt ein Zettel mit den Daten der nächsten vier Gehaltszahltage.

Im Zimmer der Sekretärin hängen Werbeplakate für Mittelasien an den Wänden, die Frau hat die Cheftür im Rücken, jetzt muß ick euch mal stören, sagt sie, nachdem sie die Tür geöffnet hat, und winkt mir, ich darf durchgehen – da sitzt er schon: der Direktor.

Ein Herr im roten Pullover, etwa vierzig Jahre alt, rechts

von ihm an der Ecke des langen Sitzungstisches eine Frau. Beide sehen mich freundlich an, verstehen aber nicht.

Einfach mal gucken, was soll das?

Unser Unternehmen ist staatlich, kein privater Kleinbetrieb, wir sind zufällig hier in der Straße, darüber sind die Kollegen gar nicht glücklich, das wirft ein ganz falsches Bild auf den Betrieb, wenn Sie gerade hierüber schreiben, es können nun mal nicht alle Abteilungen in einem Neubau sitzen.

Es ist ihm also peinlich, in dieser Gegend angetroffen zu werden, habe ich das richtig verstanden?

Die Frau gluckst, das war wohl eine überflüssige Frage. Dann läßt sie einen Namen fallen, Strotzer verstehe ich, und der Direktor nickt. Jawohl, so werde man verfahren, der Kollege Strotzer werde verständigt, den müßte ich eigentlich kennen, von dem würde ich erfahren, ob ich die Räume betreten dürfte.

Und das geht gar nicht, nur ein paar Minuten, ein Blick aus dem Fenster auf unseren Hof?

Herrgott, es handelt sich doch um eine Veröffentlichung, und da gibt es schließlich den offiziellen Weg.

Der Direktor ist schon aufgestanden und gibt mir die Hand. Privat sei manches möglich, aber offiziell müßte es schon laufen wie bei Preußens. Die letzten Sätze hat er sächsisch ausgesprochen, wahrscheinlich ärgert er sich.

Quergebäude

Parterre

LINKS
Labor

Die Tür ist verschlossen, die Klingel funktioniert nicht, ein Namensschild fehlt, ein kleines Plasteschild ist angeschraubt, darauf steht FOTOLABOR.

Dieses Labor benutzt ein Fotograf, der um die Ecke ein Atelier hat. Sooft ich an die Tür geklopft habe, war niemand da, einmal traf ich den Fotografen im Treppenhaus, er schloß die Werkstatt gerade ab, um wieder in den Laden zu gehen, ein stiller älterer Herr von etwa 50 Jahren, trägt viel Grau und geht gebeugt, im Labor ist er nur über die Mittagszeit, im Winter, wenn es zu kalt ist, gar nicht, dann entwickelt er die Filme im Hinterzimmer seines Ladens, das Geschäft geht gut.

Im Laden hatte ich ihm einmal bei der Arbeit zugesehen. Hinter ihm auf dem Regal stand eine Serie Frauenporträts, aufgefallen ist mir dabei eine Afrikanerin und eine bekannte Schauspielerin (aufgewachsen im Haus gegenüber), außerdem das Mädchen Angela S. aus dem Hinterhaus.

Während der Fotograf Paßbilder sortierte und ab und zu einen Kunden hinter einen dunklen Vorhang führte – von dort hörte man dann seine leisen Anweisungen, überhaupt sprach er leise, und nicht ohne Ironie erzählte er mir, daß er das Fotografieren bei seinem Vater gelernt habe, der Fotograf in der Neumark gewesen sei, einer Gegend jenseits der Oder, und erwähnte auch einen Onkel, Hoffotograf in Gotha.

Damals waren die Fotografen noch richtige Künstler, sagte er, Maler, sie malten die Hintergründe, vor denen sich die

Leute fotografieren ließen: Parks, Schlösser, Palmen am Meer. Meinen Einwand, daß er selbst in der Straße als guter Fotograf empfohlen werde, nahm er lächelnd zur Kenntnis und sagte, er habe oft darüber nachgedacht, warum die Menschen sich auf seinen Bildern immer gefallen, und herausbekommen habe er das: Man muß den Kunden als Menschen erkennen.

Im Hausflur, vor der Tür mit dem Schild FOTOLABOR, verhielt der Fotograf sich abweisend.

Das Labor wollte er nicht zeigen, vermutete, daß ich eine Wohnung suchte, aber das sei nichts als ein feuchter Raum, als Wohnung untauglich, seit zwanzig Jahren hätte niemand Anspruch darauf erhoben.

Schreiben, sagte er, verzog den Mund dabei, einen Bericht über ein Berufsjubiläum könnte er sich noch vorstellen, aber in der Beschreibung seiner Person oder seiner Arbeitsräume sähe er keinen Sinn.

Es wird so viel geschrieben, sagte er mit einer Betonung, daß ich... und so wenig getan... hätte ergänzen müssen, aber ich nickte nur, und er lächelte wieder vielsagend.

Wenn Sie unbedingt schreiben wollen, schreiben Sie über die Katzen, die haben sich im Keller eingenistet, bestialisch der Gestank, oder riechen Sie das nicht? Dann drehte er sich um und ging schnell über den Hof davon.

Parterre

MITTE
Emma S.

Emma S. führt mich vom Hof, wo sie die Katzen gefüttert hat, ins Hinterhaus. Während sie ihre Wohnungstür aufschließt, bellt in der Nachbarwohnung ein Hund. Das ist eine Hündin, sagt Emma S., die ist nur zu Besuch hier.

Sie hat mich mitgenommen, um mir ihren Kater zu zeigen, den eigenen, der nie auf den Hof geht. Der Kater liegt auf einem gepolsterten Stuhl, hebt unwirsch den Kopf, springt zwischen mich und die Frau, und man erkennt seine Größe eines mittleren Jagdhundes.

Das Zimmer ist nicht sehr aufgeräumt, an der Wand hängt eine große, eingerahmte Witzzeichnung, URKUNDE steht darauf und: *Für treue Dienste am Kanonenofen im DEFA-Außenhandel.* Eingeklebt ist das Foto eines Mannes, dem eine Schaufel an die Hand gemalt ist. Der ist tot, sagt Emma S., er war sehr angesehen als Heizer. Die waren auch sehr gerecht in dem Betrieb.

Emma S. trägt eine schwarze Kittelschürze, in Schwarz sitzt sie täglich auf der Bank hinter den Müllcontainern, um den Katzen beim Fressen zuzusehen.

Hier im Zimmer hat sie sich an den Tisch gesetzt, nicht in einen Sessel, hält sich gerade auf dem harten Stuhl, spricht undeutlich, zischelnd, in ihrem weißen Gesicht bewegen sich nur die Lippen, aber sie erzählt, ohne daß ich sie fragen muß. Immer wieder wird die Stimme leiser, dann unterbreche ich, frage nach den letzten Sätzen, und Emma S. spricht sie ebenso unbeweglich noch einmal.

Zwei Stunden sitzen wir uns so am Tisch gegenüber, zwei Stunden lang spricht sie über den Tod. Denn der Tod, sagt sie, ist nicht zu verstehen.

Wenn Emma S. von sich erzählt, sagt sie: Ich war.

Ich war dumm, ich war still, ich habe ein Talglicht gegen die Wanzen in meine Kammer gestellt, ich war ja so ängstlich, ich konnte nicht Gnädige Frau sagen, das brachte ich nicht über die Lippen, ich war stolz, hübsch war ich nicht.

Die anderen, an die sie denkt, waren gut.

Der erste Mann war gut, Arbeiter beim Straßenbau, auf einem Foto steht er lächelnd neben einer Walze, kleiner Mann mit schlecht zusammengenähter Hasenscharte. Er hat Emma mit einem unehelichen Kind geheiratet, er hat nicht getrunken, hat die Kinder geliebt, hat sogar den Krieg überstanden, hat sich nicht gewundert, als er zurückkam, daß die Zimmerdecke im Wohnzimmer fehlte. Aber krank war er. Ich bin ganz kaputt, hat er zu Emma gesagt, sich auf das Sofa gelegt und kein Wort mehr gesprochen. Eine Woche später ist er gestorben.

Der zweite Mann war gut, der Heizer.

Emma hat ihn getroffen, als sie Witwe war, mit zwei Kindern. Er hat gesagt: In meiner Laube habt ihr alle Platz, und er hat Späße gemacht, mit ihm war es lustig, alle konnten ihn leiden. Im Betrieb sagte er immer: Ich bin nur ein kleiner Arbeiter, aber das und das ist meine Meinung. Und den Chef haben die Meinungen meines Mannes interessiert. Der Mann hat noch seine Späße gemacht, als er schon krank war, er hat sich sehr gequält,Magenkrebs, wollte nur noch Geräuchertes essen und hat es dann wieder ausgebrochen, aber zwischendurch, wenn es ihm besser ging, war er lieb, hat sie gestreichelt und gesagt: Hab ich gut für dich gesorgt?

Der Vater war auch gut, aber er starb im Zorn, im Streit, weil er glaubte, daß der Sohn ihm die Wurst nicht gegönnt hat, die er gerade essen wollte, dabei hatte der Arzt das verboten.

Aber das Schlimmste war der Tod der Tochter, der begabten, besonderen Tochter, die ist erstickt, mit einer ganzen Klasse von Handelsschülerinnen in einem Keller der Frankfurter Allee.

Emma S. war damals mit ihren beiden jüngeren Töchtern evakuiert in Liegnitz bei ihrem Bruder, man hat ihr den Tag gesagt, 26. Februar 1944, und eine englische Luftmine sei es gewesen.

Allein war das Kind in Berlin, mit 15 Jahren, und wenn sie nicht die Eierkarte in der Tasche gehabt hätte, hätte niemand von ihrem Tod erfahren: Vera. Das Kind, mit dem Emma in ihrer ersten Stellung schwanger wurde, dessen Vater Emma nicht kannte, nicht seinen Namen, nicht seinen Beruf. Sie denkt, er war wohl Schauspieler.

Die Tochter der Herrschaft hat sie an der Hand genommen und in ein Entbindungsheim gebracht, wo schwangere Mädchen acht Wochen arbeiten mußten, die Entbindung kostete dann nichts. Vera mußte in Pflege, weil Emma zur alten Herrschaft zurückging, ein Zuhause hatte sie erst, als die Mutter heiratete, aber sie starb früher als der neue Vater. Vera hat Emma und die Geschwister in Liegnitz auch noch einmal besucht, hat da allein im See gebadet und sich erschrocken, weil ein Mann aus dem Gebüsch kam. Das war ein Franzose, den die Nachbarn als Fremdarbeiter hatten. Ich bin doch kein Ungeheuer, hat der Franzose gesagt, warum ist sie denn weggelaufen? Der Franzose hat es gut gehabt bei den Nachbarn, sie ließen ihn bei verriegelter Tür mit am Tisch essen. Er hat den Krieg überlebt.

Ein anderer guter Mensch in Emmas Leben war ein jüdischer Zahnarzt, bei dem Emma saubergemacht hat. Seine Frau war Christin. Die war schlecht zu ihrem Mann, sagt

Emma. Nur zu ihren weißen Pekinesen war sie gut, die durften über die Betten, wie sollte Emma da saubermachen? Einmal, als Emma im Schlafzimmer wischte, saß der Mann auf dem Bett und sah so sonderbar aus. Ihnen ist wohl gar nicht gut, sagte Emma. Da zog er eine Schublade auf und nahm drei Pistolen heraus. Wollen *Sie* mich verteidigen? hat er gesagt. Bald danach hat die SS ihn geholt. In einem Lager soll er erschossen worden sein, weil er heimlich Rezepte geschrieben hat.

Der Zahnarzt hatte Vera gern, sie durfte kommen, wenn Emma saubermachte, dann hat er mit ihr gespielt. Er ist auf allen vieren den Flur langgekrochen, Vera hat auf seinem Rücken gesessen und gerufen: Halt still, du altes Brathuhn! Da hat der Mann sehr gelacht.

Emma schüttelt den Kopf, wo sie das nur herhatte mit drei Jahren: Halt still, du altes Brathuhn. Dann steht sie auf, holt einen Karton mit Fotos und schüttet eine Handvoll auf den Tisch: Emma mit Mann und Tochter am Rheinufer, Tochter mit Schwiegersohn, die Enkelkinder, Emma allein.

Die Bilder sind bunt, auf jedem Bild wird gelacht, Emma S. guckt auf ihr lachendes Gesicht und nickt, sie erinnert sich. Von der anderen Tochter und deren Kindern hat sie auch Bilder, in Schwarzweiß und ohne Schwiegersohn, diese Tochter lebt in der DDR, ist geschieden, wohnt jetzt in Marzahn.

Schnell, wie sie die Bilder ausgebreitet hat, schiebt sie sie wieder zusammen, zu den Lebenden hat sie nicht viel zu sagen. Dann kramt sie von ganz unten ein Bild hervor, auf dem ein Haus zu sehen ist, daneben eine dunkle Scheune, ein Stück Gartenzaun und ein heller Weg.

Aus diesem Haus ist sie nach Berlin gekommen. In der Scheune hatte der Vater die Mehlsäcke, jeden hat er geöffnet und gekostet, das feuchte Mehl auf dem Backofen getrocknet. Auf dem Weg sind die Kinder früh um sechs mit frischen Brötchen zum Pfarrer gelaufen, zum Kantor, zum Rittergutsbesitzer, die Jagdhunde auf dem Schloß waren bissig. Das Mädchen mit den Zöpfen, das ganz klein mit dem Rücken zum Fotografen steht, ist Hannchen, die ältere Schwester, die als erste nach Berlin in Stellung ging.

Hannchen war Putzfrau bei einem Ludwig Döblin, Lieferant von Furnieren an Tischler, ein Jude, Bruder von Alfred Döblin, dem Schriftsteller. Hannchen wollte Emma immer zurückschicken, wenn die ihren Herrschaften weggelaufen war.

Kommste schon wieder mit dem Koffer, Emma?

Ich geh' nicht zurück zu der zischigen Ziege, laß mich bleiben, Hannchen.

Dann ließ Hannchen Emma eine Nacht bleiben und schickte sie am nächsten Morgen.

Hannchen selbst blieb bei Döblin bis zu seinem Tod. Er hat sich noch vor 1933 in einer Toilette des Bahnhofs Friedrichstraße erschossen, und im gleichen Jahr ist Minna, seine Köchin, an Grippe gestorben. Minna war eine Freundin von Hannchen, darum durfte sich Hannchen die Bilder nehmen, die in Minnas Zimmer hingen, es waren bunte Landschaften, die Alfred gemalt hatte, der Schriftsteller. Zwei Bilder davon hat Emma bekommen, aber die sind irgendwie verlorengegangen. Schade, sagt Emma S., aber um die Menschen ist es ja auch schade.

Emma S. stellt den Karton wieder zurück in den Schrank. Jetzt müssen Sie gehen, sagt sie, denn sie will dem Kater das Futter zurechtmachen und danach das Futter für die Katzen auf dem Hof. Sie füttert sie auch im Winter, einmal kam eine, der hatten Kinder die Augen ausgestochen, die hat sie gefangen und zum Töten gebracht, eine andere hatte Ausschlag, die wollte keiner anfassen. Ich fasse alle an, sagt sie.

Und wer kommt schon zu mir außer Katzen? Vor kurzem kam ein Betrüger, da war sie klug, den hat sie nicht reingelassen. Manchmal kommen die Enkel, die wollen nur Geld. Wenn man ihnen zwei Mark gibt, das finden sie wenig, aber sie nehmen es und rennen schnell weg.

Über Emmas Wohnung erfuhr ich nichts, nichts darüber, wo sie in Berlin gelebt hat. Nur den Einzug in dieses Haus hat sie mir erklärt: Hier wohnte die jüngere Tochter, die wurde geschieden und war unglücklich. Emmas zweiter Mann kam auf den Gedanken, die Wohnung mit der der Tochter zu tauschen, sie sollte wieder eine Freude haben. So sind die beiden Alten ins Hinterhaus gezogen.

Quergebäude

RECHTS

Peter M. und Sylvia S.

Sylvia steht mit Einkaufsnetz in der Tür, kaum überrascht, wir sind uns nicht fremd.

Wenn ich über den Hof zum Hinterhaus gehe und sie mir aus dem Parterrefenster dabei zusieht, grüßen wir uns. Meist trägt sie weiße oder rosa Kittelschürzen, jetzt einen hellblauen Anorak, ich soll reingehen, ist schon Besuch da, der Opa. Es sitzt da Manfred M., der Maurer aus dem Vorderhaus, und will mich staunen sehen. Der da, der Kleene, ist mein Sohn, der jüngste, 1958 geboren, der mich als erster zum Großvater gemacht hat, seitdem heiße ich OPA MANNE! Er findet das toll, und auch, daß der Sohn ihm so ähnlich sieht.

Ähnlich?

Die Stimme des Vaters tönt aus einem doppelt so breiten Brustkorb, und gegen seine breite Nase scheint die des Sohnes wie mit einer Feder gezeichnet.

Ich bin ein neuer Schlag, sagt der Kleine und grient.

Sylvia ist schon wieder zurück, legt ein Netz voller Bierflaschen auf den Teppich, bringt mir ein Glas, sucht den Flaschenöffner. Jeder der Männer zieht sofort einen aus der Tasche, aber sie sucht weiter, zieht eine Schranktür auf, darin wird es hell, es ist die Bar, und da liegt das gute Stück, handgefeilt, ein Mann in Seitenansicht: ein Kopf, kein Arm, ein Bein und ein aufgerichteter Penis zum Flaschenöffnen. Der schafft was, sagt der Kleine, und alle lachen. Wir sitzen in Drehsesseln zwischen einer Schrankwand und einem Sofa voller Kissen und Teddybären, uns gegenüber ist die Wand mit den beiden Fenstern zum Hof. Kein Himmel dahinter, nur die Rückseite des Vorderhauses und ein Stück vom Hof. Das ist verschneit und voller Fußspuren. Jetzt wird da drüben ein Fenster geöffnet, jemand fegt den Schnee vom Fensterbrett.

Die sollen mal lieber unten fegen, sagt Sylvia, und Peter nimmt eine neue Kassette aus dem Plastkarussell in der Schrankwand.

Fernsehapparat, Recorder, Plattenspieler und die Weltspitze der Pop-Musik sind in der Schrankwand verteilt. In den Nischen zwischen kunststoffbeschichteten Türen und dem Fach für die Intershop-Kristall-Karaffe sind die Stereo-Lautsprecher versteckt, von dort dringen Grüße aus einer vergangenen Zeit: All you need is love. In einem Fach schräg darunter stehen Schulter an Schulter vier Weihnachtsmänner in Stanniolpapier.

Diese Wohnung hat Opa Manne nach Feierabend hergerichtet, als das Kind unterwegs war, sonst wären die beiden heute noch ohne Bleibe! Fußboden aufgerissen, isoliert, das feuchte Ding, na, ist ja hübsch geworden, aber bei der alten Frau R. die Rentnerwohnung haben sie ganz umsonst renoviert, zwei Monate später ist sie umgekippt, zack, tot. Der da einzieht, der kann sich freuen. Opa Manne hätte sich an den Wochenenden auch lieber in die Sonne legen sollen, sein rechtes Ellenbogengelenk macht nicht mehr mit, Schonplatz im Büro, das hat man davon, na ja, andere kriegen es früher, andere später, andere gar nicht, er jedenfalls kann keine Kelle mehr in die Hand nehmen, und sein Freund Alfred, der die Elektrik im Haus instand gehalten hat, ist vor vier Wochen Rentner geworden, hat mitten in der Woche aufgehört zu arbeiten, ist auf Reisen gegangen, so sind die Tatsachen! Und wer wird die Arbeit machen?!

Ja, seine Kinder, die helfen auch! Hier, der Kleine hat gestrichen, den Hof im Sommer abgespritzt, die Bäume ausgeschnitten, aber es sind eben immer dieselben!

Ob ich es bemerkt habe, die Bänke sind verschwunden. Er selbst habe sie in den Keller gestellt und auf die Frage gewartet: Wo sind denn unsere Bänke?

Die drei lachen laut, Bier ist alle, der Mann mit dem steifen Ding wird wieder gebraucht, wir trinken Bockbier dunkel. Unsere Bänke, dröhnt Opa Manne, die habe ich vor zwanzig Jahren für ein Pfund vom Gartenbauamt gekauft, und bis heute habe ich darauf gewartet, daß sie mal einer streicht! Kam aber keiner. So ist das mit unsere Bänke.

Steht auf, zieht an, was man früher eine Joppe nannte, will sehen, daß er bis zum Mittag wieder im Büro ist, auch die längste Frühstückspause ist ja mal zu Ende.

Geht und hinterläßt ein Loch im Raum, das füllt sich langsam. In dieser Zeit reden wir über Familie.

Peter ist der jüngste Sohn der Familie M., ihn haben die Eltern im Kinderwagen in dieses Haus geschoben, geboren in Friedrichshain, aufgewachsen da oben im vierten Stock und hier im Hof unter dem Baum. Ich bitte ihn, von der Kindheit zu erzählen, er denkt nach, sie haben Ball gespielt, und einmal hatte er einen Gipsarm. Die alte Frau T. warf den Kindern Bonbons runter, auf dem Kirchengitter ist ein Fußball zerplatzt.

War noch was? Schulterzucken, war nichts, war alles wie heute, was sollte man von heute erzählen?

Allerdings, ein Unterschied, und wichtig hebt er den Zeigefinger: Mehr Kinder! Viel mehr Kinder. Eine ganze Fußballmannschaft waren sie damals noch. Jetzt, mit seinem Sohn, fange es erst wieder an.

Sylvia hört rauchend zu, auf die Arme gestützt wie sonst am Fenster, blond, stämmig und zufrieden. Behauptet, gern hierhergekommen zu sein, der Hinterhof habe sie nicht geschreckt, die Parterrewohnung auch nicht, zwar habe ihre Kindheit anders ausgesehen, in Friedrichshagen, Berliner Vorort im Grünen, aber dorthin ist es nicht weit, und wo könnte sie mehr verdienen als im Berliner Zentrum?

Sylvia ist Fleischverkäuferin, der Betrieb konnte ihr nach der Entbindung keinen Krippenplatz anbieten, sie blieb zu Hause und nahm gern die ihr zustehende Unterstützung für alleinstehende Frauen, hat deswegen auch nicht geheiratet. Man wäre ja dumm, sagt sie, habe nur Nachteile als Verheirateter. Das spricht sie mit der Sicherheit einer verheirateten Frau. Seit September hat sie einen Krippenplatz.

Papa du krank, Papa slafen, Mama bei Papa bleiben, Stefan geht a-beiten – so geht er jeden Tag arbeiten, sagt Sylvia, und die beiden lachen. Peter ist krank geschrieben, Sylvia hat Urlaub.

Die Krippe ist in der Lehderstraße, das ist weit, wenn Sylvia Frühschicht hat, steht sie 4 Uhr 30 auf, ist pünktlich 6 Uhr in der Krippe und 6 Uhr 30 im Betrieb. Trotzdem sei sie froh, wieder arbeiten zu können, sagt sie, zwei Jahre zu Hause, das habe ihr gereicht, war zu langweilig.

Ohne Kind könne sie sich das Leben aber auch nicht mehr vorstellen, im Unterschied zu manchen anderen Leuten, die im sechsten Monat nach Kühlungsborn fahren, obwohl es der Arzt ausdrücklich verboten hat. Dann haben sie eine Fehlgeburt, und das Kind ist tot! So was sei doch Mord. Ist das nicht Mord? Genaugenommen?

Sie legt mir die neuesten Fotos in die Hand, Stefan auf dem Weihnachtsmarkt.

Stefan sitzt auf dem Schoß des Weihnachtsmannes, darüber auf einer Tafel steht kunstvoll: WEIHNACHTEN 1980.

So ein Foto klebt auch in meinem Familienalbum. Dasselbe Bild, dieselbe Maskerade, dieselbe Schrift, nur:

WEIHNACHTEN 1941. Fraktur scheint auch wieder schick zu sein.

Sylvias Foto zeigt den Knaben mit drohend erhobener Faust. – Hat du einen Bonbon, Weihnachtsmann, ich will einen Bonbon, Weihnachtsmann – hier ist Stefan böse, weil der keinen Bonbon hatte!

Der Mann aus Eisen öffnet uns die achte Flasche, der schafft was, sagt Peter, und dann sagt er: Es schneit.

Im Zimmer wird es dunkler, Peter steht auf, geht zum schmiedeeisernen Thermometer, das über dem Sofa hängt, liest vor: neunzehn Grad.

Im Betrieb sei jetzt auch keine Arbeit, merkwürdigerweise ließen die Leute ihr Auto im Winter zwar vor dem Haus stehen, kämen aber nicht auf die Idee, es in die Werkstatt zu bringen.

Peter arbeitet immer noch in seinem Lehrbetrieb, lobt seine Brigade, nur wenn sie den Titel »Brigade der sozialistischen Arbeit« verteidigen, erringen sie nie den ersten Platz, sagt er, weil bei der Konkurrenzbrigade einer aus dem Brigadetagebuch eine Art Malheft macht, und so was brächte nun Punkte, Quatsch das alles. Sylvia lacht. In ihrer Brigade ist eine, alle nennen sie Suff-Unke, die malt die Schnörkel einwandfrei, und sie schaffen es jedesmal.

Die beiden haben seit Weihnachten ein eigenes Auto, Trabant, fünfundsiebziger Baujahr: für 5 000 Mark gekauft! So was Günstiges steht nie in der Zeitung, nie. Es ist daran einiges zu reparieren. Soll Peter auf der Arbeit rumsitzen, wenn er hier zu tun hat, wo er sowieso erkältet ist?

Ach, jetzt steht die letzte Flasche auf dem Tisch, und die Zigaretten sind auch alle, und es schneit und schneit. Wird noch die ganze Stadt zuschneien, und wenn zwei Millimeter Schnee hochkant auf den Schienen der Straßenbahn liegen, stockt der Verkehr, ach, ich werde langsam losgehen, Stefan holen, sagt Sylvia, bis ich da bin, haben die ausgeschlafen, und Peter nickt dazu, denn er könnte mit dem Auto sowieso nicht fahren, mit Bier im Bauch, da ist er ganz eisern. Sylvia zieht wieder den hellblauen Anorak an, gemeinsam gehen wir aus der Wohnung, durch den dunklen Hausflur, über den verschneiten Hof, ziehen das Holztor des Vorderhauses auf, der Durchgang ist feucht, da hört man den Putz nicht so rieseln, verabschieden uns auf der Straße, gehen in zwei Richtungen auseinander, ich bleibe nach drei Schritten stehen und drehe mich um. Da dreht sich weit hinten der hellblaue Anorak auch um, und Sylvia winkt mir lange zu. Sie ist 22 Jahre alt.

Das Haus (3)

Die Keller des Hauses sind miteinander verbunden und werden verschlossen gehalten. Sie sind aus gelben Ziegeln gemauert, unverputzt, die Treppen führen in jeweils 13 Stufen auf die nach rechts und links abzweigenden Kellergänge. Die Lattenwände der einzelnen Verschläge reichen vom betonierten Boden bis zur Decke, in den Verschlägen lagern Holz, Kohle, Eingewecktes und saisonbedingte Gebrauchsgegenstände. Eingewecktes befindet sich in den Kellern von Leuten, die einen Garten oder Gartenbesitzer in der Verwandtschaft haben, von denen wiederum sind es nur noch die älteren Ehepaare, die Obstbäume pflegen und Obst und Gemüse einwecken, von Jahr zu Jahr wird weniger Eingewecktes in die Keller getragen.

Rückläufig ist seit langem die Lagerung von Holz, sogar alte Leute haben sich das Feuermachen mit Kohlenanzündern angewöhnt, und auch die Kohlen verschwinden aus den Kellern, vier Mieter beheizen ihre Wohnungen schon mit Gas. Neu ist, daß Möbel, Motorroller, Badeöfen, Kinderwagen und andere früher als teuer geltende Gegenstände in den Kellern oder sogar auf dem Kellergang abgestellt werden – dessen Entrümpelung steht seit langer Zeit auf dem Arbeitsplan der HGL.*

Obwohl Kellerwohnungen in Berlin üblich waren (bereits 1861 lebten 48 326 Menschen, das waren zehn Prozent aller

* Hausgemeinschaftsleitung

Einwohner von Berlin, in Kellerwohnungen), ist in diesem Keller niemals gewohnt worden.

Die Verteilung der Keller war immer eine Quelle des Ärgers, denn es hat niemals Unterlagen darüber gegeben, welcher der unterschiedlich großen und teilweise feuchten Keller zu welcher Wohnung gehört. Als 1938 in den Kellern aller Wohnhäuser Luftschutzräume eingerichtet werden mußten, wurden auch hier die Abgrenzungen zwischen einigen Kellern entfernt, deren Besitzer mit anderen Mietern unwillig zusammenrückten, ihren Ärger darüber aber in Anbetracht der Umstände für sich behielten. Von 1940 an hatten die Mieter dann auch Veranlassung, den neuen Raum zu nutzen, Berlin war die am meisten bombardierte deutsche Stadt, ein Fünftel der Bebauung wurde dabei vollständig zerstört, im Bezirk Prenzlauer Berg ist sogar die Hälfte aller Häuser beschädigt oder zerstört worden, unser Haus blieb – bis auf das Dach vom Quergebäude (Brandbombe, November 1944) – verschont. Den schwersten Luftangriff erlebten die Mieter am 3. Februar 1945, als die gesamte Berliner Innenstadt in Flammen stand, die längste Zeit verbrachten die Mieter im Keller, als sie vom 30. April bis zum 9. Mai 1945 auf das Ende der Schlacht um Berlin warteten. In dieser Zeit war die Versorgung mit Gas, Strom und Wasser vollständig zusammengebrochen, die Mieter holten das Wasser von einer Pumpe, die sich (ursprünglich zum Tränken von Pferden) auf der gegenüberliegenden Straßenseite befindet.

Heute ist der ehemalige Luftschutzkeller wieder in zwei Kellerverschläge aufgeteilt, geblieben sind die an dieser Stelle zugemauerten Kellerfenster, Entlüftungskanäle und der Metallrahmen der Stahltür, mit der der Raum verschlossen wurde. Nach einigen Zwischenfällen mit »Halbstarken« (mehrmals wurde ein einzelner von anderen eingeschlos-

sen) ist die Tür 1958 herausgenommen und zum Gerümpel geworfen worden. Um dem unkontrollierbaren Treiben der Jugendlichen im Keller Einhalt zu gebieten, hat man im gleichen Jahr auch den 1938 durchbrochenen Gang zum Nachbarhaus wieder zugemauert.

Das Schild »Zum Luftschutzraum« (es hing direkt am Durchgang, roter Pfeil auf gelbem Grund) bewahrt ein Mieter immer noch in seinem eigenen Keller auf. Er hofft, es einmal zum Liebhaberpreis verkaufen zu können.

1 Treppe

LINKS

Anna und Richard S.

Das Ehepaar S. ist 1971 in dieses Haus gezogen, hat drei große Zimmer mit Küche und Korridor dafür aufgegeben, es war ein Wohnungstausch.

Frau S., die mich nach einigem Zögern eingelassen hat, will nicht an die Sache erinnert werden, das habe alles der da gemacht, der Mann. Der Mann sitzt am schmalen Ende des Tisches und starrt in die Luft. Er sieht Sie nicht, sagt Frau S., er sieht Sie nur wie einen Schatten, furchtbar. Sie hat die Arme verschränkt, schüttelt unzufrieden den Kopf. Seit der Mann so schlechte Augen hat, schon ein halbes Jahr sitzt sie nur in der Wohnung hier, kann ihn nicht allein lassen, das sei kein Leben mehr. Immer hat man sie für sechzig gehalten, aber heute früh hat die Frau im Eisenwarenladen ihr gesagt, wie schlecht sie aussieht.

Der Mann scheint die Klage nicht zu hören, er sitzt unbeweglich, und die Frau sieht verdrossen zu ihm hinüber.

Diese Wohnung hat er heimlich ausgesucht, sagt Frau S., ihr eines Tages eine Adresse genannt, und als sie das erste Mal hier stand, hat sie von den fremden Leuten erfahren, daß sie hier wohnen wird, denn der Tausch sei schon perfekt.

Ein großes Durchgangszimmer, dahinter ein kleines, Korridor zwei Quadratmeter! Der Mann wollte bessere Verkehrsverbindung zu seinem Betrieb, dabei hätte er gar nicht mehr zu arbeiten brauchen, sagt Frau S., er war doch schon Rentner.

Frau S. hat damals geweint, geschimpft, Möbel verkauft, und dann – dann gefiel es dem Mann selbst nicht!

Kurzer Blick zu ihm – er gibt nicht zu erkennen, ob er etwas gehört hat. Frau S. sitzt auf dem Sofa, hinter sich drei bunte Sofakissen: Mohnblumen, Sonnenblumen und eine gestickte Landschaft mit lila Fliederbaum.

Anna S. ist aus Berlin-Moabit, in der Lüneburger Straße hatten die Eltern seit 1914 eine Kohlenhandlung im Keller, verdienten gut. Mit 18 Jahren schickten sie das Mädchen nach Rheinsberg in Stellung, ins Hotel KRONPRINZ als Zimmermädchen. Hotel KRONPRINZ war nicht so großartig, Familienbetrieb, aber die Besitzerin Elli Neumann sagte »du« zu Anna, und viel Arbeit war nicht, dafür öfter mal Kaffee und Kuchen von unten aus der Konditorei.

Elli Neumann verzog nach Süddeutschland, und Anna ging zum BRANDENBURGER HOF, da war eine Frau Schellhaase, die hatte einen Freund, von dem ihr Mann nichts wissen durfte, wenn der kam, mußte Anna an die Theke.

Der BRANDENBURGER HOF besaß eine Kneipe mit Saal, im Saal war Tanz, beim Tanz lernte Anna den Schuster Ferdinand kennen, mit dem ging sie, bis eines Tages dessen Mutter in die Gastwirtschaft kam und vor allen Leuten sagte: Na, Mäken, stimmt das, daß du ein Kind kriegst? Das konnte ja jeder sehen, Annas Rock, der war vorn schon zu kurz, und die Schwiegermutter war auch nicht böse, sagte nur, einen Monat solle sie hier noch bleiben, dann würde der Ferdinand sie mit dem Wagen holen. Kein Auto natürlich, ein Pferdewagen hielt vor dem BRANDENBURGER HOF, Anna packte ihre Reisekörbe darauf und zog in das Häuschen der Schwiegereltern. Das Kind wurde ein Sohn, Anna nannte ihn Ferdinand. Aus Liebe.

Es gab auch eine Steingutfabrik in Rheinsberg, da lernte Anna den Beruf Garniererin – also Tüllen und Henkel an die

Kannen kleben, Nähte saubermachen. Der Mann lernte dort auch noch einmal: Dekoration. Sie arbeiteten zusammen, Anna machte die großen braunen Teekannen fertig, Ferdinand setzte bunte Pünktchen darauf, wie Perlen.

In dieser Zeit hat sie das Kissen mit dem Fliederbaum gestickt. 1939, sagt sie, damals, als alles schön war. Sie nimmt das Kissen, legt es vor sich auf den Tisch, damit ich das Haus, den See, den Baum und den Himmel in Blau und Orange richtig ansehen kann.

1939 war der Sohn 19 Jahre alt, die kleine Familie zog nach Berlin, denn der Junge hat Autoschlosser gelernt und sollte sein Fortkommen haben – Annas Schwager besorgte bei Opel in Tempelhof eine Stellung und eine Wohnung in Gesundbrunnen: Hochparterre, über einer Plättanstalt, prima fußwarm. Der Schwager war bloß man 'n Steinträger.

Mein Vater war auch Steinträger, tönt es von Herrn S. her, den ich schon vergessen hatte.

Steinträger? sagt die Frau, davon wußte ich gar nichts.

Unbewegt und ohne den spöttischen Ton der Frau zu beachten, spricht Herr S. in meine Richtung:

Ich war Richard der Zweite, Mutter Waschfrau, Vater Steinträger, Bruder Steinträger, vierzehn Kinder waren geboren, ich habe Klempner gelernt in Reppen bei Frankfurt / Oder, der Meister hat ein Auto gekauft, da haben wir Lehrlinge Tag und Nacht druntergelegen, ich bin Kraftfahrer geworden, in beiden Kriegen Kraftfahrer, immer nur in Rußland gefahren, wie die Revolution kam, haben wir uns in den Zug gesetzt und sind nach Hause, direkt aus Frankreich nach Hause!

Da sehen Sie, sagt Frau S., er bringt alles durcheinander, und sieht mich an – wo waren wir stehengeblieben?

Bei der Plättanstalt in Gesundbrunnen. Der Schwager war Steinträger, der Mann wieder Schuster, der Sohn Autoschlosser bei Opel.

Der Sohn brachte eine Frau mit. Da komme ich vom Bäkker, und aus meinem Küchenfenster guckt eine Blondine mit Hut!

Terese, eine Ungarin. Aber der Sohn hat es erst ein Jahr später begriffen, daß der *ein* Mann nicht genügte.

Als Terese ein Kind von ihm bekam und trotzdem nicht bleiben wollte, hat Anna das Kind adoptiert, mußte eine Hochzeit deswegen ausrichten und in Pankow aufs Rathaus, dann konnte sie mit dem Kinderwagen ins Krankenhaus fahren und die kleine Brigitte holen. Im Gang traf sie Terese noch einmal. Anna war auch noch jung, sah aus wie dreißig. Brauchst nicht so zu gucken, sagte sie, jetzt hole ich dein Kind! – Das kannst du haben, sagte die andere, ich hätte es sowieso ins Waisenhaus gegeben. Und dann schlug jede der anderen ins Gesicht. Anna hat angefangen und findet heute noch, daß sie recht hatte.

So kam Anna zu ihrer Enkelin, dem einzigen Menschen, der ihr bis heute geblieben ist. 1942 mußte der Sohn zu den Soldaten, 1943 der Mann, 1943 fiel der Sohn an der Ostfront, 1945 der Mann. Der Tod des Mannes hat Anna nicht mehr getroffen, der des Sohnes war der größte Schmerz ihres Lebens.

Er ist am Dnepr gestorben, sagt sie und weint plötzlich, fünfzig Kilometer südöstlich von Krementschug.

Als der Sohn gefallen war, wechselte Anna die Wohnung, zog in die Rykestraße, wollte an die Vergangenheit nicht mehr erinnert werden. In der Rykestraße erlebte sie die Bombenangriffe mit Brigitte im Keller, die war so hübsch und lieb, die Kleine, und die Leute sagten: Bringen Sie bloß das Kind mit, wenn es da ist, passiert uns nichts, das ist unser Engel. Ist auch nichts passiert, sagt Anna, ist ein Engel, die Brigitte, ist ein Engel geblieben. An der Wand hängen gerahmte Fotografien von Brigitte in jedem Lebensalter.

Anna sieht zu den Bildern und beschreibt Brigittes Schönheit, die schwarzen Locken, das liebe Gesicht, die zwei klugen Töchter, die gute Ehe, den ordentlichen Mann, die teure Wohnung. Die Brigitte auf den Fotos lächelt immer nur, und am anderen Ende des Tisches sagt Herr S.: Das ist vorbildlich. Vorbildlich.

Hier sind sich die beiden einig, so was wie Brigittes Ehe gibt es nicht oft. Brigitte ist Sekretärin, ihr Mann Schichtleiter in einem Berliner Großbetrieb, Brigitte sagt heute noch »Mutti« zu Anna, kommt einmal in der Woche vorbei, da hat es sich doch gelohnt, die schwere Zeit nach dem Krieg, wo Anna als Waschfrau gegangen ist und saubermachen bei den Leuten.

Anna besteht darauf, daß es ihr immer gutging, sie hätte immer Geld gehabt und gerne gearbeitet, nur Bügeln, das macht ihr keinen Spaß, sie faltet die Wäschestücke, legt sie unter die Sofakissen und setzt sich darauf – das haben ihr schon manche nachgemacht. – Frau S. beschreibt mir diese Erfindung ausführlich und lacht darüber, winkt dann ab und macht wieder ein verdrossenes Gesicht – macht alles keinen Spaß mehr.

Der Mann, der in ihrer Lebensbeschreibung noch nicht vorkam, nickt schwerfällig. Man muß sich rechtzeitig davonmachen, das hat man versäumt!

Der Mann ist 83 Jahre alt, er ist groß und kräftig, mit Hilfe der Frau könnte er in der Sonne spazierengehen. Aber er will nicht, und sie will nicht. Soll er auf dem Balkon sitzen, sagt die Frau. Der Mann nickt dazu, schweigt.

Vor Jahren, in der Rykestraße, ist ihm einmal eine Nachbarin aufgefallen, allein mit einem Mädchen, so eine ordentliche, bescheidene Frau. Ein Jahr lang hat er sie beobachtet, wie sie lebt und ob sie keinen Freund hat, schließlich hat er ihr einen Heiratsantrag gemacht. So kam Anna zu ihm.

Er hat gesagt, er will mich nicht als Geliebte und nicht als Freundin, sondern als Ehefrau. Anna achtete auf ihren Ruf, da konnte ihr keiner etwas nachsagen, und das Wort »Ehefrau« klang ihr gut. Und wissen Sie, was war, sagt sie leise und dann lautlos das erste Wort, das der Mann *nicht* hören soll: NÜSCHT.

Hat der Mann doch etwas gehört? Er sagt: In dem Alter ist das wohl mehr eine Versorgung. Liebe? Liebevolle Versorgung. Sieht der Mann was Schönes, bringt er ihr mit, denkt, da wird sie sich freuen, so werden es die meisten machen.

Anna hatte gezögert, wieder zu heiraten, aber der Mann hängte damals jeden Tag einen blankgeriebenen Apfel an die Wohnungstür, an einem Faden hing er oben am Türrahmen, und Brigitte fand den Mann so nett.

So ist das gekommen, wegen dem Appel!

Der war nicht für dich, der war für das Kind!

Du sei still, du bringst alles durcheinander! Da steht der Mann auf und schlurft auf den Balkon. Die Frau sieht ihm nach, schüttelt den Kopf über seine Hinfälligkeit und kann nun, hinter seinem Rücken, über ihn reden. Er war nie krank, hat bis 1976 bei Minol gearbeitet, 30 Jahre, aber es ist niemand vorbeigekommen seitdem – der Mohr hat seine Schuldigkeit getan. Und er hat sie wirklich zur Versorgung geheiratet, wo sie so gerne wieder einen Mann gehabt hätte, aber er sei ein guter Mensch, und jetzt hat die Ärztin ihr gesagt, sie müsse Blindengeld für ihn beantragen, es sei soweit.

Bevor ich gehe, zeigt mir Anna noch ihre Küche, sie hat sie orange gestrichen, am Fenster hängen lange Gardinen bis auf den Fußboden. Die Gardinen sind frisch gewaschen, Erna wird kommen, die Freundin aus Rheinsberg, die mir alles bestätigen kann, was Anna erzählt hat.

Erna ist nicht gekommen. Statt ihrer kam ein Telegramm,

weiß vor Ärger hat Anna es mir gezeigt: Kann nicht kommen, bin krank.

Die sollte lieber schreiben: Bin dick. So was Faules. Und das ist nun der einzige Mensch, der mich versteht.

1 Treppe

MITTE
Bert T.

Ich habe Bert T. dreimal besucht, zweimal im Abstand von drei Wochen, zuletzt ein Jahr später.

Beim ersten Mal war die Tür verschlossen, aber da hingen Bleistift und Papierrolle, mit Bindfaden an einen Nagel gebunden.

Auf dem Papier las ich: Bist du überhaupt nicht mehr zu Hause, du Fixer?

Ich schrieb darüber: Möchte mit dir reden. Dazu meinen Namen und die Telefonnummer.

Tatsächlich rief er mich kurz darauf an, und wir vereinbarten einen Besuch. Als ich kam, war die Tür verschlossen, ich setzte mich auf die Bank an der Hofmauer und wartete. Es wurde dunkel, ab und zu ging einer der Hausbewohner an mir vorbei, ich kannte sie inzwischen fast alle, es war ein Freitagabend, jeder hatte sich für etwas Besonderes zurechtgemacht, so schien es mir.

Bert kam, entschuldigte sich mit einem Arbeitseinsatz (Reinigung zweier Hörsäle durch die Gruppe der Lehrlinge, Überweisung von 235 Mark auf das Solidaritätskonto) und warnte mehrmals vor dem schlimmen Eindruck, den ich gleich haben würde, nicht aufgeräumt, nicht aufgeräumt. Das Zimmer hatte keinen Tisch, dafür einen alten Schreibtisch, Stuhl, Bett und Regale. Toilette und Küche glänzten von neuem Lack und Linoleum, in der Küche ein ordentlicher Stapel schmutziger Teller, das war die ganze Unordnung, bißchen wenig für die vielen Entschuldigungen.

Bert kochte Tee, ließ mich am Schreibtisch sitzen, stellte sich den Hocker mitten ins Zimmer, was willst du wissen?

Es war seine erste eigene Wohnung, renoviert hatten die Vormieter, ein junges Ehepaar, nun bereits im Neubau, seit Mai, sagte Bert und lachte dabei, fand es noch nicht selbstverständlich, hier zu wohnen, fand es schön.

Was heißt das – schön?

Freiheit.

Und was heißt Freiheit?

Da wollte er das Wort gleich wieder zurücknehmen. Viel zu hoch gegriffen, wollen mal sagen: relative Freiheit.

Relative Freiheit hieß an diesem Abend, den Ofen nicht mehr zu heizen, obwohl es kalt war. Wir saßen uns in Jacken gegenüber, Bert erzählte von einer Wohnung, in der es jetzt warm sei, da käme er her, da wohne die Mutter, aber da wolle er nicht mehr sein. Sie ist zu jung für mich, erst vierzig, und sieht viel jünger aus, und die vielen Probleme, die sie durch mich hat, das ist ihr zuviel.

Die Eltern sind geschieden, sie haben sich beim Bootfahren kennengelernt, den Namen BERT haben sie auch auf einem Boot gelesen, aber wenn es damals schon die legale Schwangerschaftsunterbrechung gegeben hätte, wäre Bert nicht auf der Welt.

Das hat ihm die Mutter alles erzählt, und das fand er nun wieder gut von ihr, weil es ehrlich war.

Er sei selbst so ein Mensch geworden, der die Freiheit liebt, in dem Punkt verstände er die Mutter absolut, nur das ewige Schimpfen nicht, darum sei er ausgezogen.

Bert versuchte die Mutter zu beschreiben. Nach dem, was er mehr andeutete als sagte – man sah, es war ihm nicht angenehm –, muß sie eine schöne, im Beruf erfolgreiche und energische Frau sein. Ist eine Mutter so?

Aber eine Frau sollte doch so sein?

Jedenfalls hätte sie nicht immerzu schimpfen dürfen. Seit dem Tag, an dem der Vater auszog. Ich weiß noch, ich kam mit dem Mülleimer die Treppe hoch und weinte, weil meine Mutter geschimpft hatte.

Bei meinem ersten Besuch war Bert noch Lehrling in einem wissenschaftlichen Institut, baute dort Versuche auf, nur wenige Wissenschaftler und Assistenten arbeiteten dabei zusammen, Laboratmosphäre, das gefiel ihm. Er entwarf seine Zukunft in einem Satz: Abitur an der Abendschule, Studium an der Technischen Hochschule, danach Promotion. Wer beim Ingenieur stehenbleibt, hat die Ausbildung nicht ausgenutzt.

Dabei grinsten wir uns an. Ob das so wird? Er zuckte mit den Schultern, sagte aber: Das wird so. Wo ich doch für Freiheit bin.

Wie soll es anders gehen? Stell dir vor, zuerst sollte ich Wartungsmechaniker für Datenverarbeitungsmaschinen werden, an einem Banderolierautomat, ein Ding, aus dem sich ein Lochband schiebt, endlos und ewig! Nein, jetzt sei er ganz zufrieden.

Auf dem Schreibtisch lagen Schaltpläne, Vorarbeiten für die Facharbeiterprüfung, schwieriges Thema. Bert blätterte die Papiere auf und sagte dann:

Von dem Institut hätte ich mehr erwartet.

Sie reden nur über Autos, Grundstücke und Boote, in den Kantinen herrscht eine Bockwurstatmosphäre, und da wollte ich interessante Leute kennenlernen. Die sind keine, und die kennen keine. Dabei könnten die doch welche kennen.

Dadurch sei sein Leben langweiliger, als er sich das vorgestellt hatte, nur bei der Fahrschule habe er einmal jemanden kennengelernt, der interessant sei. Und jetzt kenne ich dich, sagte er.

Mir fiel ein, daß ich Bert eigentlich schon länger kannte. Jedesmal, wenn ich über den Hof dieses Hauses ging, war mir das Fenster aufgefallen, an dem ein rotes Herz aus Stoff hing, gepolstert wie ein Nadelkissen. An einem Abend im Herbst war Kinderfest auf dem Hof, Puppenspieler kamen und spielten das Märchen von Hänsel und Gretel. Da erschien hinter der Fensterscheibe mit dem Herz ein hübscher Junge mit schwarzen Locken. Eine Stunde dauerte das Spiel, so lange stand er unbeweglich mit erstauntem Gesicht am Fenster, bis es ganz dunkel wurde. Das war Bert.

Bei meinem dritten Besuch, ein Jahr später, sah das Zimmer gemütlicher aus, vielleicht war es an dem Tag auch nur wärmer, auf dem Bett unter dem Fenster lagen bunte Kissen, Bert sprach von einer Freundin und schien zufrieden.

Auf dem Schreibtisch stand eine technische Bastelei. Ich sollte raten, was es wird. Ich erwartete etwas Besonderes, etwas, was man nirgendwo zu kaufen bekäme, und er lächelte überlegen dazu. – Man kann alles bauen, wenn man es kann.

Das ermunterte mich zu fragen, ob er auch Spiele für Jugendliche erfinden könnte, mit Lichtern und Klängen vielleicht, damit andere etwas zur Beschäftigung haben, nicht nur herumsitzen, trinken und sich langweilen. Vielleicht könnten diese Spiele ganz einfach sein, Modelle zum Nachbauen, ob er da mitmachen würde?

Bert verzog das Gesicht. Ich gehe nie in Klubs, sagte er. Und wenn ich mir was ausdenke für die anderen, die sich langweilen, das sind doch die, die nichts können, die machen es sowieso bloß kaputt.

Das Ding auf dem Tisch sollte ein Tonbandgerät werden, billiger als im Laden.

Am Fenster hing immer noch das Stoffherz. Berts Mutter hatte es genäht, als er noch ein kleiner Junge war, nach seinem Auszug brachte sie es mit und hängte es wieder ans Fenster. Bert sagte, er fände es inzwischen unpassend, weil er erwachsen sei, lasse es aber dran, um die Mutter nicht zu kränken.

Irgendwann später zog Bert hinter dem Ofen zwei senkrecht zueinander zusammengeschweißte Stahlstangen hervor, mit einem Kettchen daran. Das faßte er mit zwei Fingern und schlenkerte die Stangen hin und her. Soll ein »T« sein, Anfangsbuchstabe meines Namens, sagte er, Geburtstagsgeschenk meines Freundes, er kommt an Schweißgeräte ran. Bert fand es lustig.

1 Treppe

RECHTS
Angela S.

Angela sitzt schräg in einem tiefen Sessel, über dem eine orangene Decke liegt. Angelas Pullover ist ebenfalls orange, ihre langen Locken sind hellblond, und die Haut im Gesicht und an den Armen ist braun und auffallend glatt. Sie bewegt beim Sprechen die Hände, dreht an ihren goldenen Ketten, Ringen und Armreifen. Ihre Augen sind blau, sie ist schön. An und für sich gut, sagt Angela, ich fand die Wohnung an und für sich gut.

Rechts von uns auf einem Schränkchen steht der Fernsehapparat, eigenartige Raumschiffe schweben da über die Scheiben, beängstigende Musik begleitet sie und stört uns beim Reden, aber weil der vierjährige Sohn auf dem Teppich herumrutscht und zusieht, läßt Angela den Apparat laufen, schließlich kommt gleich der Sandmann.

Als Angela so klein war, lebte sie in Thüringen, ihr Bett stand in einem hellen Kinderzimmer, neben dem Haus ein Hof mit riesigem Misthaufen und allen denkbaren Haustieren, hinter dem Haus ein Garten, hinter dem Garten der Wald – was hat denn der Junge hier vom Leben, sagt Angela.

Angela könnte zurück nach Thüringen, die Familie wartet darauf, aber sie wird nicht kommen. Seit fünf Jahren lebt sie in Berlin, seit drei Jahren ist sie mit dem Kind allein, sie hat gelernt, ihre dunkle Hofwohnung »akzeptabel« zu finden und sich in Thüringen zu langweilen. Angela sagt dazu: Ich verstehe das auch nicht.

Einmal, als Angela von Berlin noch nichts wußte, hat sie

Schneiderin gelernt und sich in einen Koch verliebt. Der Koch war 25 Jahre alt und gerade dabei, eine Gaststätte zu übernehmen, Angela hat ihn geheiratet und gekellnert, später überließ der Mann ihr die Küche, um mit seinen Freunden am Stammtisch zu sitzen, mit Tränen in den Augen hat Angela bedient, bis sie unter den Gästen auch einen Freund fand, die heimliche Liebe wurde entdeckt, und der Koch, rasend vor Eifersucht, verfolgte das Paar durch mehrere Thüringer Dörfer, bis dem jungen Liebhaber kein anderes Versteck mehr einfiel als ein bestimmtes leerstehendes Berliner Zimmer. Das Zimmer war 12 Quadratmeter groß, sein einziges Fenster ging auf einen schmutzigen Hof, und das wäre für Angela alles unvorstellbar schrecklich gewesen, wenn sie Ruhe zum Nachdenken gehabt hätte. Sie mußte aber eine Arbeit suchen, in Scheidungsangelegenheiten nach Thüringen fahren, die Familie beruhigen, den neuen Freund lieben und war außerdem schwanger.

Angela sieht auf ihre Hände, einer der Ringe hat einen grünen Stein. Das war, sagt sie langsam, es fehlt das Wort *schrecklich*, in dem orangenen Sessel jetzt müßte Angela vielleicht sagen *schön*? Das war eine schöne Zeit?

Als alles leichter wurde und Angela die Wohnung erkämpft hatte, in der wir jetzt sitzen, war es vorbei. Der Freund kam immer später von der Arbeit, aus Ärger ging Angela abends allein weg, früh mußte sie halb fünf aufstehen, um das Kind in die Krippe zu bringen, dann gab es abends Streit deswegen, und Angela überlegte im Bett, wie sie die Wohnung umräumen würde, wenn sie alleine wäre.

Als sie allein war, hat sie die Ehebetten verkauft und ein Kinderzimmer eingerichtet, sie hat auch eine Schrankwand auf Kredit gekauft und ein teures Radio. So was geht. Man richtet sich ein und findet sich ab, mit der Zeit lernt man die Gegend zu schätzen wegen der Geschäfte, das Hinterhaus wegen der Ruhe, die Nachbarn wegen der Schlüssel. Was geht noch? – Wenn das Kind krank ist, kann man ausschlafen, am Wochenende kann man Arbeitskollegen auf ihren Grundstücken besuchen, und wenn man tanzen will, geht man ins Café Nord. Angela sagt: Ich brauche keinen Mann. Dann sagt sie: Ich würde sehr gern heiraten, so eine hübsche kleine Familie, das ist doch schön. Dabei lacht sie.

Darüber reden wir jeden Tag, das kann zum Problem werden.

»Wir«, das sind drei Mädchen in einem Kombinat, an deren Tür das Wort RECHNUNGSPRÜFUNG steht. Wir sind alle 26 Jahre alt, jede hat ein Kind, die eine ist gut verheiratet, die andere ist schlecht verheiratet, ich lebe allein. Angela lacht wieder. Sie findet das typisch für die Verhältnisse.

Ich habe wirklich viel versucht, aber es wird nichts.

Sie kommen mit ihren ganzen Klamotten, zuerst eine Hose, dann ein paar Hemden dazu, ob man die mal durchspülen kann, zuletzt die Unterwäsche. Stundenlang sitzen sie vor dem Fernsehapparat und sind froh, wenn noch ein Mann dazukommt, mit dem reden sie dann über Autos. Was wollt ihr bei mir, sage ich dann, ihr könnt euch draußen über Autos unterhalten. Ich habe mal auf eine Heiratsannonce geschrieben, der hat auch geantwortet, und wir wollten uns im Wiener Café treffen: 28; 1,85 groß; Interesse für alles Schöne, Baumaschinist in Marzahn. Die Mädchen waren genauso aufgeregt wie ich, als er angerufen hat – eine Stimme hatte der, da dachte ich: Mein Gott, wenn das jetzt nicht klappt, und alle haben mir Glück gewünscht. Abends: *Hat* der mir gleich gefallen! Bart, groß, höflich, und dann – den ganzen Abend hat er über die Arbeit geredet, noch nicht mal von sich, einfach nur, was auf der Baustelle so passiert, hat mich nichts sagen lassen, wollte auch gar nichts über mich wissen, ich konnte gerade mal so dazwischenfragen: Seit wann sind Sie geschieden? Wir haben abgemacht, daß wir am nächsten Tag, Sonntag, in den Tierpark gehen, aber ich wußte, daß ich nicht komme. Sonntagmorgen klopfte es bei mir, da steht der da, ich hatte ihm die Adresse nicht gegeben, und schreit mich an: Was ist mit dir los? – So was kann man erleben, so was.

Im Fernsehen beginnen die Nachrichten, Angelas Sohn sitzt am Tisch und knetet ein Butterbrot, sie nimmt ihm den Klumpen aus den Händen, schimpft nicht, trägt den Sohn in die Küche zum Waschen, danach kommt er im Schlafanzug noch einmal ins Zimmer gelaufen, gibt mir die Hand und sagt »Gute Nacht«. Ein dünner, blonder Junge, hört auf einen spanischen Namen, geht täglich in den Kindergarten, will oft getragen werden, stellt sich in letzter Zeit häufig krank, oder wie soll man das nennen: Fieber ohne Erkältungssymptome, und wenn die Mutter ihn abholt, ist alles vorbei. Angela kommt zurück aus dem Kinderzimmer, schaltet endlich den Fernsehapparat aus, zündet sich eine Zigarette an und schweigt.

Sie erwartet eine Frage, aber da ich nichts frage, spricht sie weiter.

Wenn ich zu Hause bin, da stört mich nicht nur das Dorf. Mein Vater läßt sich von früh bis abends bedienen, und das kann ich nicht ertragen. Ungefähr vor zehn Jahren hatte er eine Freundin, war bei uns schon ausgezogen, aber meine Mutter hat gekämpft. Ich werde nie vergessen, wie sie vor ihm auf die Knie gefallen ist und geweint hat – heute ist das eine gute Ehe. An so was wird man doch irre, wenn man darüber nachdenkt. Ich bin nicht fähig, um einen Mann zu kämpfen. Vielleicht überhaupt nicht um einen Menschen.

Gerade heute hat Angela den Mann verabschiedet, mit dem sie ein halbes Jahr in dieser Wohnung gelebt hat. Ich habe ihn manchmal getroffen, wenn sie noch nicht zu Hause war, jedesmal hat er das Kind gefüttert und Abendbrot zurechtgemacht. Angela sagt, wenn sie dann kam und das Abendbrot auf dem Tisch stand, wäre sie am liebsten wieder gegangen, und sie sei immer ungerechter und zänkischer geworden. Er hat die Küche renoviert, alle Türen und Fenster gestrichen, aber sie ist mit dem Kind in Urlaub gefahren, um einmal allein zu sein. Gestern ist sie zurückgekommen, da sah sie schon vom Hof aus auf ihrem Balkon einen Stuhl mit schmutzigen Gläsern – ihr Freund hatte ein Fest gefeiert. Angela ist daraufhin abends mit Kollegen weggegangen und erst am Morgen wiedergekommen, heute nachmittag hat sie das endgültig letzte Gespräch geführt. Der Gerechtigkeit halber hat sie ihm aber auch gesagt, daß sie ihn nicht liebt.

Mit dem Mann hätte man leben können, sagt Angela. Manchmal denke ich, das Alleinsein verdirbt einen vollkommen, man wünscht sich so sehr jemanden, der einen liebt und verwöhnt, und wenn er da ist, nach kurzer Zeit ist das so lästig, da müßte die Liebe schon so groß sein, aber daran glaube ich nicht. Dann gähnt sie und räkelt sich in ihrem, ihrem eigenen, von selbstverdientem Geld zusammengesparten Sessel. Aber ich weiß ja, sagt sie, irgendwann geht man sonntags spazieren, da gehen die alle mit ihren Kindern, und man denkt wieder – so eine hübsche kleine Familie, das wäre doch schön.

Angela verdient im Monat gerade so viel Geld, wie sie in einem Monat verbraucht. Wenn sie sich im EXQUISIT eine Bluse kaufen will, muß sie zwei Monate sparen, Grundstück, Auto, Auslandsreisen wird sie nicht haben, wenn sie so weitermacht. – Ungefähr das hat sie noch gesagt, als wir uns an ihrer Wohnungstür verabschiedeten, die immerhin frisch gestrichen war.

2 Treppen

LINKS
Maria und Bernd F.

Der Mann, groß, schmal, Oberlippenbärtchen, enger, weißer Pullover, hört sich meine Erklärung gelassen an, nickt höflich, weist den Weg zum Wohnzimmer, geht aber selbst zuerst in die Küche.

Für einen Augenblick sehe ich darin ein verzerrtes Gesicht, dann wird die Tür geschlossen, und man hört Stimmen, noch ein Mann, denke ich.

Das Wohnzimmer ist in Brauntönen gehalten, nichts ist zufällig, nichts liegengeblieben, alles sehr plüschig, sehr neu, sehr teuer. Ich setze mich auf das Sofa, direkt gegenüber dem Fernsehapparat, der ist mitten in die Schrankwand eingepaßt, TV-Color.

Der Mann im weißen Pullover kommt herein, setzt sich, legt eine Schachtel Zigaretten auf den Tisch, bietet mir eine an, raucht. Noch bevor wir etwas gesagt haben, betritt eine zweite Person den Raum – eine Frau.

Sie ist klein, blond und so stark geschminkt, daß man nicht wissen kann, wie sie wirklich aussieht. Das neue Gesicht ist auf seine Weise vollkommen, die hellen Haare hat die Frau mit violetten Kämmen hochgesteckt, die Wimpern geschwärzt und verlängert, sie gehören zum Profil.

Da der Mann links von mir sitzt, setzt die Frau sich in den Sessel auf der rechten Seite, sieht kühl an ihm vorbei, und ich erkläre meine Absicht noch einmal.

Der Mann würde gern etwas sagen, das ist zu sehen, deutlich auch, daß er das nicht zeigen will und der Frau Gelegenheit gibt, als erste zu sprechen. Sie deutet mit der Hand auf ihn, er soll ruhig erzählen, wann sie hier eingezogen sind.

Im Dezember 1978, sagt der Mann, es war eine große Freude. Vorher wohnten sie in einem Zimmer an der Prenzlauer Allee, hier bekamen sie zwei Zimmer mit Innentoilette, das war eine Verbesserung.

Der Mann hat langsam und leise zu sprechen angefangen, wird erst im Gespräch über Prenzlauer Berg lebendiger, er ist in Prenzlauer Berg groß geworden, in der Wisbyer Straße, hat später Kopenhagener gewohnt, lächelt, während er den Namen ausspricht, in diesem Augenblick sagt die Frau: Ich bin in Köpenick aufgewachsen. Ohne ihn säße ich jetzt nicht hier.

Köpenick, sagt sie, ist grün, so was wie hier habe ich gar nicht gekannt. Sieht demonstrativ zum Fenster, auf die bröckelnde Rückseite des Vorderhauses.

Im Haus ihrer Eltern seien auch die Leute viel netter gewesen, kannten sich alle, so etwas habe sie in Prenzlauer Berg überhaupt noch nicht getroffen. Dabei werde immer behauptet, in den alten Häusern sei so ein Zusammenhalt. Sie zündet sich eine Zigarette an, schweigt.

Ich frage den Mann, ob es hier wirklich keinen Zusammenhalt mehr gäbe, er zuckt mit den Schultern, will sich nicht äußern, erzählt dann aber doch etwas geniert von der Zeit, als er ein kleiner Junge war und mit der Mutter einkaufen ging. Wie er sich immer gelangweilt habe, weil das so lange gedauert hat, denn alle Leute kannten und unterhielten sich, im Haus und in den Geschäften auch.

Die Geschäfte, das lasse ich noch gelten, sagt die Frau, das sei sogar schön in den kleinen Läden.

Ich frage, ob sie lieber im Neubau wohnen würde, nein, auf keinen Fall.

Es ist das erste Mal in dem Haus, daß ein Gespräch mühsam verläuft, schweigend warten die beiden auf meine Fragen, es ist nichts als Höflichkeit, mir macht das keinen Spaß, sie hätten mich wegschicken sollen. Ich schlage vor, das Gespräch zu beenden, aber da widerspricht die Frau, nein, nein, es sei doch interessant.

Das ist es nun wirklich nicht, aber vielleicht hat die Frau mir den Grund meines Besuches nicht geglaubt, vielleicht will sie noch herausbekommen, was ich wirklich will.

Wir schweigen weiter, ich soll also weiter fragen, frage nach den Berufen.

Glas- und Gebäudereiniger, sagt der Mann, in einem großen Betrieb, den er nicht nennen will. Bemerkt dagegen ausdrücklich, daß er nicht nach Feierabend arbeite, weil er dazu keine Lust habe. Das Geld reiche auch so. Dazu nickt die Frau. Sie selbst hat Bekleidungsfacharbeiter gelernt. Bis sie dann eingesehen habe, daß das nicht das Richtige für sie ist. Eine Bekannte hat ihr eine Stelle in der Hotelbranche vermittelt. Information, sagt die Frau, es ist nicht anstrengend.

Sie müssen viel Zeit haben, sage ich, wenn andere nach Feierabend in die Kindergärten laufen, haben Sie schon frei.

Zeit? Ach nein, sagt die Frau, und auch der Mann schüttelt den Kopf, er wüßte nicht, wieso.

Die Zeit vergeht. Überhaupt. Auch ohne Kinder. Machen wir was?

Die Frau sieht auf den Teppich und schweigt.

Müde, sagt der Mann, meistens ist man müde.

Ob ihnen andere Berufe besser gefallen würden?

Vielleicht. Aber erst mal müßte man wissen, was. Und auf Geld will man auch nicht verzichten, sagt der Mann. Die Berufswahl richte sich nun mal nach dem Geld. Das sei bei allen so. Wenn in einem Betrieb alle das gleiche verdienen würden, oder wenigstens alle Angehörigen einer Berufsgruppe, zum Beispiel alle Arbeiter, alle Angestellten und so weiter, das wäre viel besser, sagt er. Dann würde man vielleicht auch mal wechseln.

Und wie wäre es, wenn man mehr lernen könnte, nur aus Interesse, ohne daß unbedingt ein neuer Beruf daraus wird?

Warum, das kostet mich ja Zeit, ist ja meine Freizeit.

Und warum nicht lernen, als Freizeitbeschäftigung?

Wozu, sagt er, wenn man doch nicht mehr verdient?

Was verdienen Sie? fragt die Frau mich plötzlich.

Im Durchschnitt etwa 700 Mark im Monat, sage ich. Sie lächelt höflich, glaubt mir wieder nicht.

Ich erkläre die Bedingungen einer freiberuflichen Arbeit, nicht jeder Freischaffende verdient viel Geld, die beiden schweigen, sehen erwachsen aus, auf etwa 30 Jahre hätte ich sie geschätzt, dabei hatten sie 1970 gerade Jugendweihe. Ob sie Kinder wollen?

Ach doch, sagt die Frau, aber wenn sie einen Krippenplatz bekäme, würde sie es abgeben. Sie müsse eben unter Menschen sein, Arbeit, das gehöre für sie zum Leben. Und an den Kolleginnen sieht sie das auch – wenn eine wegen der Kinder zu Hause bleiben muß, käme sie alle zwei Wochen, um zu jammern: Mir fällt die Decke auf den Kopf!

Wieder schweigen wir.

2 Treppen

MITTE
Frau Z.

Frau Z. öffnet die Tür nur so weit, daß Flur und die angrenzenden Zimmer im Dunkeln bleiben. In einer hellen Wickelschürze, ein Tuch um den Kopf, im Nacken gebunden, so steht sie da – klein, dünn und abweisend. Ja, sie wohnt schon lange in dieser Wohnung, und sie wird nichts erzählen, gar nichts, man soll andere fragen, auf Wiedersehen.

Was wissen die Nachbarn von ihr? Viel erfahre ich nicht. Sie ist immer allein, bekommt nie Besuch, spricht nie, jedenfalls nicht mit ihnen, vielleicht mit älteren Bewohnern des Hauses, mit denen diese wiederum nicht sprechen. Maria F. kam einmal nachts nach Hause und hatte den Schlüssel vergessen, sie klingelte bei Frau Z., die sehr freundlich einen Dietrich holte und deren Wohnungstür öffnete. Zehn Minuten später klingelte es bei Frau F., Frau Z. bat Maria um ihren Ausweis, sie war in Sorge, die Wohnung einem Falschen aufgemacht zu haben. Damals wohnte die Familie F. schon ein Jahr neben Frau Z.

Ähnliches erzählt Sibylle N. Sie hat Frau Z. um einen Zeugendienst gebeten: zu bestätigen, daß eine Möbellieferung einen Tag zu spät gekommen war. Frau Z. unterschrieb den Brief, den Frau N. deswegen aufgesetzt hatte, klingelte aber nach kurzer Zeit wieder und verlangte, ihre Unterschrift unleserlich zu machen.

Ihr war die Idee gekommen, daß die Möbelträger sich an ihr rächen könnten.

2 Treppen

RECHTS
Sibylle N.

Eine junge Frau mit wippenden, schwarzen Locken öffnet die Tür, zusammengerollt wie eine Raupe liegt ein winziger Säugling in ihrem Arm. Schwungvoll läuft die Mutter mir voran ins Wohnzimmer, straffer Pullover, enggeschnallter Gürtel, weiter Rock – Sibylle N. genießt ihr Babyjahr und freut sich über jeden Besuch.

Sofort erklärt sie mir die ganze Wohnungseinrichtung, die hellen Kindermöbel seien ihr Eigentum, die Küchenmöbel ebenfalls. Sie sage das nur der Ordnung halber, denn wer einmal etwas durchgemacht habe, der werde vorsichtig, und überhaupt: Ich halte mich hier nur auf

Ihre eigene Wohnung sei ein Zimmer in Pankow, die Wohnung hier allerdings benutze sie seit 1978, damals habe sie den Schlosser Bernd kennengelernt, dem seien die zwei Zimmer nach seiner Scheidung zugesprochen worden. Sibylle ist auch geschieden.

Nach Besichtigung der Wohnung setzen wir uns an den Eßtisch, da können Sie besser schreiben, sagt Sibylle und fragt, ob ich Bernau kenne. Von dort käme sie, aus einem Einfamilienhaus mit Garten, und verdreht kurz mal die Augen, kein Vergleich!

In Bernau hat Sibylle Krankenschwester gelernt, geheiratet, ein Kind bekommen, sich scheiden lassen und ist nach Berlin gezogen, in das Zimmer in Pankow. Diese Wohnung im Hinterhaus sei nun das allerletzte gewesen, so klein, so trist und nur ein Baum.

Inzwischen gibt es eine Dusche und warmes Wasser, die Türrahmen sind weiß, die Wände hell tapeziert, und der Fußboden ist mit grünem Nadelfilz ausgelegt. Die Tür zum Balkon steht offen, da scheint die Sonne auf den Kinderwagen.

Sibylle sieht, daß es mir gefällt und freut sich, sagt aber: Das ist noch keine Endlösung.

Sie kennt die Endlösung schon, eine Zweizimmer-Vorderhauswohnung in der Pappelallee, mit Bad und Kammer – ich bin schließlich allein mit zwei Kindern.

Gerade jetzt, während wir reden, arbeitet der Freund in der neuen Wohnung, den Stuck hat er schon golden abgesetzt, die Wohnung wird ein kleiner Traum.

Der Freund würde Sibylle auch heiraten, aber sie will nicht. Diese Wohnung, in der wir sitzen, soll er behalten, auch wenn sie auf diese Weise mehr Arbeit hat, so viel ist ihr die Möglichkeit, wenn sie will, allein sein zu können, auch wert.

Finden Sie das schlimm? fragt sie ein bißchen kokett – ich finde das jedenfalls schön!

Man sei ja nicht wirklich getrennt.

Als Sibylle sich scheiden ließ, war sie 24, es war die erste Scheidung in der ganzen weitläufigen Familie, die Mutter beendete jeden an Sibylle gerichteten Satz mit den Worten: Du bist ja geschieden.

Das hat mir gereicht, sagt Sibylle, und die Schichtarbeit im Krankenhaus auch. Sie zog nach Berlin und fand andere Arbeit: Garderobenfrau in einem Ministerium.

An der Garderobe trifft man Journalisten, Diplomaten, Politiker, aber weil nicht immer Empfänge gegeben werden, muß man auch saubermachen. »Bereich Festsaal« heißt das Arbeitsgebiet.

Inzwischen hat Sibylle eine zweite Facharbeiterprüfung bestanden, Glas- und Gebäudereiniger, nach dem Schwangerschaftsurlaub wird sie mehr Geld verdienen als der Freund. Zu ihrem Bereich gehören etwa 70 Räume. Möbel hochstellen, Papierkörbe raustragen, Staub saugen, Staub wischen, zweimal im Jahr Fenster putzen, das sei so ihre Arbeit. Die Sekretärinnen kennt sie inzwischen alle, auch die Eigenarten der Chefs, es gibt keinen Schichtbetrieb, aber innerbetriebliche Sonderzuschläge – kann es schöner sein?

Ich will mein Leben genießen, sagt Sibylle, ich habe keine Komplexe als Putzer.

Es klingelt, die kleine Tochter ist aus der Schule gekommen, muß nicht in den Hort gehen, essen darf sie auch zu Hause, Sibylle hat Buletten, Kartoffeln und Gemüse gekocht, deckt den Tisch für das Mädchen im rot-weiß karierten Sommerkleid.

Sie selbst will erst essen, wenn der Freund kommt, und spricht weiter über den Betrieb, weil das eben großartig ist, daß auf keinen herabgesehen wird. Im Gegenteil: Einmal hat sie geholfen, den Festsaal zu decken, und als der Empfang begonnen hatte, wollte sie das Büfett mit den wunderschönen Platten und Salaten noch einmal als Ganzes sehen, bevor es auseinandergerissen würde, da kam Willi Stoph, sagte: »Wat denn, Kleene, du hast keenen Sekt?«, und gab ihr sein Glas.

So was vergißt man natürlich nicht, sagt Sibylle.

Sie selbst sähe auch auf niemanden herab, spräche gern mit den Ausländern, die sie im Betrieb kennenlernt, hat sich von Vietnam erzählen lassen, von Portugal, und besonders deutlich erinnert sie sich an einen Chilenen, der hat gesagt: Wenn unsere Frauen soweit wären wie Sie!

Richtig, sagt Sibylle, wir sind so verändert in den letzten Jahren, wir machen, was wir wollen!

Ihr Freund habe das auch gesagt vor kurzem: Ihr Frauen seid unmöglich, ihr macht, was ihr wollt.

Zum Beispiel das Kind da auf dem Balkon, zwei Monate alt, ist ein Wunschkind. Ihr Freund wollte wieder ein eigenes Kind haben, und Sibylle fand es auch schön. Geheiratet habe sie deswegen noch lange nicht.

Wir lieben uns, sagt sie und lacht. Sie hat ausgerechnet, daß sie allein mit zwei Kindern, also mit den Alimenten für zwei Kinder, etwa tausend Mark im Monat hätte – ob sie denn da nicht herrlich leben könne?

Für das neue Kind steht im kleinen Zimmer eine Holzwiege. Das ältere Kind hat aufgegessen, sitzt neben der Mutter, seine Hände liegen auf der Tischdecke, man kann sehen, daß es Sibylles Hände sind – sehr schmal mit spitzen Fingern. Die Tochter ist winzig, sieht nicht aus wie eine Schülerin von sieben Jahren. Sibylle sieht nicht aus wie eine Gebäudereinigerin von dreißig Jahren.

Sie sitzen mir gegenüber und kichern viel beim Reden, beide mit eckigen Schultern und glatten, weißen Gesichtern.

Der Säugling auf dem Balkon ist auch ein Mädchen.

Das Haus (4)

Die Anstrichmittel zur Verschönerung des Hauses sind: Alkydharz, Latex- und Ölfarben. Wer einzieht, renoviert in der Regel die Wohnung von Grund auf, die alten Frauen streichen mit Vorliebe Fenster und Balkongitter, neuerdings auch das Stück Wand um die Balkontür herum, die HGL hat im Sommer 1981 den Hausflur des Vorderhauses gestrichen (Wandfarbe: ocker, Türen: dunkelviolett). Die KWV bezahlt die Farben.

Der HGL-Vorsitzende sagt zur Frage der Anstriche: »Wer zu früh streicht, Farbe pantscht oder zu wenig nimmt, der soll später nicht über die Farbe meckern. Wer Zement spart (klaut), Gips in den Mörtel mischt, damit der schneller zieht, der ist schneller fertig, hat schneller sein Geld, ist schneller weg vom Bau – aber der soll sich dann nicht wundern, wenn die Fassade bröckelt. Oder wer wundert sich?«

Was die Instandsetzung des Hauses betrifft, so bezahlt die KWV alle Reparaturen, die neue Elektroanlage (im Vorderhaus bereits von 63 auf 100 kW umgebaut), Fenster (20 sind erneuert worden) und den Einbau von Duschen (es sind inzwischen 12), vorausgesetzt, die Mieter bauen die Verbesserungen selbst ein. Der HGL-Vorsitzende, seit kurzer Zeit selbst Angestellter der KWV, sagt dazu: »Wo nichts ist, da kommt schwer was dazu, und weil wir gut sind, ist die KWV gut zu uns. Solange sich Leute finden, die zu freiwilligen Einsätzen bereit sind.«

Prenzlauer Berg ist Rekonstruktionsgebiet, 1978 gab es

im Bezirk 92111 Wohnungen, davon sind 11231 nach 1945 gebaut worden, 11898 zwischen 1918 und 1945, die restlichen 68982 vor 1918, davon 25365 (über ein Viertel des Gesamtbestandes) vor 1900. Die Stadt arbeitet mit hohen Kosten an der Erneuerung dieser alten Häuser, in Prenzlauer Berg wird – wie am Beispiel des Arnimplatzes demonstriert wurde – das alte Berlin erhalten, aber die Rekonstruktion eines so großen und dichtbesiedelten Gebietes (Bevölkerungsdichte 1979: 17130 Menschen/km²) wird eine Aufgabe von Jahrzehnten bleiben. Die KWV Prenzlauer Berg ist auf die Mitarbeit ihrer Mieter angewiesen.

Der HGL-Vorsitzende träumt von einer neuen Fassade für das Haus, in dem er wohnt. Auch das ließe sich zur Not von den Mietern selbst einrichten, meint er, es seien genug darunter, die mauern könnten, und die Arbeiten könnte er selbst überwachen.

Im Innern des Hauses deutet sich ein neuer Trend an: der im Vorderhaus zuletzt eingezogene Mieter streicht nicht mehr – er brennt die Farbe ab. Seine Türen werden wieder aus rohem Holz sein.

3 Treppen

LINKS
Ursula H.

Ursula H. hat ihre Wohnung 1949 zum ersten Mal gesehen, an die Jahreszeit kann sie sich nicht erinnern, sie brauchte damals mehr Platz, sie hatte einen Mann kennengelernt, der mit ihr zusammenziehen wollte, hat deshalb ihre kleine Wohnung im Vorderhaus gegen diese getauscht. Im Vorderhaus wohnte Ursula H. aber erst seit 1947.

Sie kuschelt sich neben mir in einen Sessel, trägt ein kurzärmliges, grünes Seidenkleid, hat die Arme unter der Brust verschränkt, die schwarzgemalten Augenbrauen hochgezogen.

Was denken Sie, wie alt ich bin?

Ich sage, sie sähe aus wie sechzig, triumphierend schüttelt die Frau den Kopf, mein Vater war noch Hufschmied in der Königlich Preußischen Beschlagschmiede, ich bin gegenüber von Sanssouci zur Welt gekommen, nun, wie alt?

Und antwortet sich selbst feierlich: Fünfundsiebzig Jahre.

Wird laut vor Begeisterung, fünfundsiebzig, das denkt keiner, keiner! Und dann wollen sie immer wissen, wie man das geschafft hat, da sage ich: Immer lachen! Immer fröhlich sein!

Das habe sie von ihrer Mutter, die hat alles mitgemacht, den Umzug von Potsdam nach Berlin, im Weltkrieg war sie allein mit drei Kindern, als Vater zurückkam, waren Hufschmiede nicht mehr Mode, mit Mühe und Not haben die beiden in Pankow eine Hauswartsstelle gefunden: 25 Aufgänge, zweimal die Woche wischen, einmal bohnern, im

Winter Schnee schieben, und trotzdem ging Mutter noch Gethsemanestraße in eine Nähstube, hat Ursula auch dort untergebracht – wir nähten Kindermäntel mit Pelerine, mit Pelzbesatz oder mit Lasséband, für einen Mantel zahlte Brenninkmeyer 65 Pfennige. Aber: immer lachen, immer fröhlich sein!

War ihr Leben so fröhlich?

Ach! sagt sie, preßt die Lippen zusammen und ist sekundenlang eine sehr alte Frau.

Nur Pech, nur Pech. Ich müßte längst tot sein.

Im ausgeschnittenen grünen Seidenkleid vom Tod reden, das kann nicht so gemeint sein. Ich frage Ursula, wer die bunten Abziehbilder (Streublümchen) außen an ihre Wohnungstür geklebt hat.

Na ich, damit ich mich freue, wenn ich nach Hause komme.

Ich gehe auch jede Woche tanzen, seit ich fünfundsechzig bin, die lieben mich da alle, weil ich immer lache, aber im Leben habe ich kein Glück gehabt, nee.

Dann will sie wissen, ob ich schon einmal etwas vom »Weißen Adler« gehört habe, Ausflugslokal in Pankow-Nordend, im Krieg zerbombt, heute eine Rasenfläche – so verschwindet alles. Sie haben ja keine Vorstellung, was noch auf Sie zukommt! Im »Weißen Adler« hat Ursula ihren Mann kennengelernt, 1937 kam ihr Sohn zur Welt. Das war vielleicht die beste Zeit, sagt sie, erzählt aber nichts darüber, erwähnt Mann und Sohn nur dieses eine Mal, eine gute Ehe, sagt sie, 1940 sei das vorbeigewesen, der Mann wurde Soldat, 1945 kam die Todesnachricht, und im gleichen Jahr hat man den Vater verhaftet. Er bekam eine Vorladung aus dem Rathaus Pankow: zur Klärung eines Sachverhalts. Vater hat gleich gewußt, was man von ihm wollte, hat die Schlüssel zu Hause gelassen, ist nicht mehr wiedergekommen. Finden

Sie das richtig? Vater soll Leute denunziert haben, weil er Nazi war! Man mußte doch in die Partei. er war doch nur ein Mitläufer!

Sie will sich jetzt nicht aufregen, man darf ja nichts sagen, damals ist sie jedenfalls in die Wohnung der Eltern gezogen, damit Mutter aus der Hauswartswohnung nicht raus mußte, das waren nun 25 Aufgänge für Ursula, die Brüder kamen aus der Gefangenschaft zurück, einer brachte eine schwangere Frau mit, alles in Mutters Wohnung, aber die Treppen mußte ich allein machen, da half mir keiner, obwohl sie alle die Wohnung mir verdankten!

Ursula kannte den Verwalter des Hauses, in dem sie jetzt wohnt, bei dem weinte sie sich manchmal aus. Um Himmels willen, sagte der Verwalter, Sie sind ja fix und fertig!

Der Mann hatte die Übersicht, er fand jemanden, der sich vergrößern wollte, auch wenn 25 Aufgänge dranhingen, dieser Mensch tauschte seine Wohnung mit Ursula, und für Mutter und Brüder gab es eine Ausbauwohnung.

Mit großem Krach trennte sich die Familie – danach sprachen Mutter und Tochter zehn Jahre nicht miteinander, aber Ursula hatte ihre Ruhe.

Das war 1947.

Ursula konnte sonntags ausschlafen, in der Woche ging sie privat saubermachen, an den Abenden hatte sie mehr Zeit, als ihr lieb war, aber das Schicksal hatte noch einiges vor mit ihr. Es trat auf in Gestalt der Milchfrau aus Nummer 3 parterre, als die sagte: Frau B., ich habe einen schicken Mann für Sie! Gemeint war der Elektriker H. aus dem Nebenhaus. Es hieß, seine Frau wolle ihn loswerden.

Wie soll ich das machen? fragte Ursula.

Haben Sie nicht was Kaputtes?

Ja, sagte Ursula, mein Radio spielt so leise.

Ursula machte also auf dem Balkon Abendbrot zurecht,

während Herr H. sich das Radio vornahm, es war September. Danach erzählte die Milchfrau Ursula, daß Herr H. jetzt von ihr schwärme. Ein halbes Jahr später zog Herr H. bei Ursula ein. Ursula war 43 Jahre alt und wieder richtig verliebt. Sie verstand H.'s erste Frau nicht, es hieß, die wolle auf eine Schule gehen und überhaupt mit dem Sohn lieber allein sein. Dafür hatte Ursulas Sohn eben einen neuen Vater.

Und weil der Junge nun ein eigenes Zimmer brauchte, tauschte Ursula 1949 ins Hinterhaus.

Im Zimmer stehen Möbel der fünfziger Jahre, die kleinen Sessel mit halbrunden Lehnen und schrägen Beinen, zwei Tische, zwei Sofas, ein großer Fernsehapparat und ein Radio, auf der Skala kleben auch Blümchen. Neben dem Radio sitzt Ursula und seufzt. Wenn man immer wüßte... was denken Sie, was ich in dieser Wohnung schon alles erlebt habe...

Erlebt hat sie vor allem Einsamkeit.

15 Jahre lebte sie mit dem Elektriker H. gut zusammen, die letzten sechs Jahre hat der Mann eine andere Frau geliebt, Ursula, die Hausfrau, konnte sich nicht wehren – Sonnabend früh zog er seinen guten Anzug an und verließ das Haus, die Frau sah ihm aus dem Fenster nach und weinte.

So oft habe ich gefragt: Was habe ich dir Schlechtes getan, daß du so zu mir bist?

Und obwohl viel Zeit vergangen ist, kommen Ursula bei der Frage wieder die Tränen. Allerdings, manchmal hat sie auch anders gesprochen: Ich kann warten, entweder haut das Schicksal bei der Frau mal zu oder bei dir!

Ursula und ihr Mann waren damals 62 Jahre alt, die neue Frau erst 50, eine Arbeitskollegin. Die beiden sahen sich täglich, aber Ursula ließ sich nicht scheiden, da wäre sie schön dumm gewesen, auf die Rente zu verzichten, sie wartete auf Gerechtigkeit.

Mit ihrem Mann sprach sie die letzten Jahre nicht mehr, aber wenn er über den Flur schlurfte, rasselte es in seiner Brust, daß sie es im Wohnzimmer hörte – die Gerechtigkeit näherte sich. Im Flur sank er eines Tages auch zusammen, starb zwei Stunden später beim Notarzt.

Ursula hat ihn in Norderd begraben, nahe bei der Rasenfläche, auf der der »Weiße Adler« einmal stand. Ein kleines Essen im Familienkreis hat sie auch gegeben, das war alles. Getrauert hat sie nicht. Wenn sie tot ist, wird sie lange genug neben ihm liegen, der Grabstein ist für beide.

Ist nun einmal für uns beide, der Grabstein, sagt Ursula auf dem Sofa, aber gleich nach dem Begräbnis bin ich wieder tanzen gegangen, jawohl. Seit 1971 tanzt sie wieder, zweimal in der Woche, sonntags immer im Prater.

Da sollte ich sie mal sehen, wie sie schick angezogen und geschminkt in ihrer kastanienbraunen Perücke über den Hof geht, da ruckelt es an mancher Gardine! Die stehen am Fenster und gucken, die anderen alten Frauen, die trauen sich nicht.

Ach Ursel, sagen die, wie du das nur machst!

Männer hat sie auch, aber wenn einer über sie bestimmen will, sagt Ursula: Das kannst du mit deiner Frau machen, aber nicht mit deiner Freundin.

Als Freundin hat man mehr Rechte – das hätte sie früher wissen sollen!

Vor einem Jahr hat sie ihren letzten festen Freund begraben, einen Fräser. Fünf Jahre waren sie zusammen: mittwochs wurde in seiner Wohnung gemütlich Kaffee getrunken, freitags hat Ursula ihn vom Werk abgeholt, das Wochenende über war er bei ihr. Sonnabends im Grünen, sonntags im Prater, einmal hat sie Schluß gemacht zwischendurch, weil er zuviel trank.

Davon habe ich gehört: Eines Nachts soll ein riesiger alter

Mann auf dem Hof gestanden haben und folgendes gerufen haben: Excuse me, Bewohner vom Gartenhaus, ich war in englischer Kriegsgefangenschaft, ich bin durch die Luft geflogen, excuse me, ich muß dieser Frau etwas sagen. Ursula! Ich weiß genau, daß du einen Mann oben hast, aber dem passen meine Anzüge sowieso nicht! Excuse me, Bewohner vom Gartenhaus!

Ach, der Helmut, sagt Ursula.

Er soll immer gesagt haben, einen Kerl wie mich findest du nicht wieder, und sie hat noch keinen wieder gefunden. Ein Trauerspiel ist das mit den Männern, bleibt einem bald nichts weiter übrig, als mit einer Freundin unter Bäumen zu sitzen, im Prater.

Die Frau seufzt und sieht nach der Uhr, ein junger Mann wird nachher kommen und bei ihr Kaffee trinken, den hat sie auch im Prater kennengelernt, da fehlt wohl die Mutter.

Wir verabschieden uns im Flur, da alle Türen offenstehen, kann ich Schlafzimmer und Küche sehen. Im Schlafzimmer hängt die kastanienbraune Perücke vor dem Spiegel, Ursula folgt meinem Blick, holt sie, setzt sie auf – gut, nicht?

Der Küchenherd ist wieder mit Blümchen beklebt, darauf steht ein Topf, geschälte Kartoffeln, mit Wasser bedeckt.

Ja, Kartoffeln, sagt die Frau. In dem harten Winter 1979 habe sie sich den Arm gebrochen und konnte keine Kartoffeln mehr schälen. Da sei sie gar nicht mehr aus dem Haus gegangen, ihr ganzes unglückliches Leben sei ihr eingefallen, und sie habe jeden Tag geweint. Aber weil sie keine Kartoffeln mehr schälen konnte, kam jeden Tag jemand aus dem Haus und brachte warmes Essen, und der Junge von oben hat ihr Kohlen geholt. So nett waren manche Leute zu Ursula, und darum hat sie sich nicht aufgehängt in diesem Winter, obwohl sie an so was gedacht hat.

3 Treppen

MITTE
Rüdiger F. und Hella A.

Die Tür ist grau, der Anstrich uralt, in Augenhöhe klebt ein briefmarkengroßes Papier, darauf zwei Namen in Schreibmaschinenschrift, ein dritter mit Kugelschreiber an den Rand gequetscht. Ich klingle, die Tür öffnet sich sofort. Ein kleiner Mann mit krausem Vollbart und hoher, glänzender Stirn sieht mich strahlend an, wie in fröhlicher Erwartung, aber mit ihm war ich nicht verabredet. In der rechten Hand hält er eine Teekanne. Komm rein, sagt er sanft.

Auf dem Gasherd brät ein Rührei in der Pfanne, Wasser kocht, auf allen Möbelstücken der Küche sind schmutzige Teller übereinander abgestellt, bemerkenswerte, aber friedliche Unordnung, für die der Mann sich nicht entschuldigt. Er bedauert dagegen die Abwesenheit des Dichters Uwe, nach dem ich gefragt hatte, und erklärt die Situation: Die Freundin liegt noch im Bett, beide haben die Vorlesung geschwänzt und werden jetzt frühstücken.

Wir frühstücken zu dritt, das Mädchen immer noch im Bett, der Mann im Sessel, ich auf der Bettkante, zwischen uns ein Hocker, über den eine bestickte Tischdecke gehängt ist.

Auf dem Hocker das Frühstück – Butter, Brötchen, Johannisbeermarmelade und frischer Bierschinken, danach greift der Mann zuerst und empfiehlt ihn mir auch.

Du sprichst sächsisch, sage ich, und sofort werden die freundlichen Augen klein und mißtrauisch.

Bist du gegen Sachsen?

Ich kann nicht wissen, wie ein junger Sachse 1980 in Berlin ankommt, frage ihn danach, wo er aufgewachsen ist, aber er sagt bloß: Der Name kam noch nicht in den Nachrichten. Das Mädchen im Bett lächelt über die Antwort, es stützt sich auf den rechten Arm, ich sehe nur sein Profil und die linke Seite des Gesichts – spitze Nase, schmale Lippen, sehr weiß sieht sie aus, die krausen Haare fahlblond, vielleicht ist die Farbe schön, hier brennt nur eine kleine Lampe, und die Vorhänge sind zugezogen. Die Fensterfront des großen Zimmers verschwimmt im Dunkeln, nur was in unserer Nähe steht, ist einigermaßen zu erkennen – alte Möbel, vom Vorgänger übernommen, sagt der Mann. Du hast hier noch nichts gemacht, sage ich. Wieder kneift er die Augen zusammen. Was sollte ich tun? Hast du Einrichtungsvorschläge? Abgesehen davon würde ich sie sowieso nicht befolgen.

Ich habe keine Einrichtungsvorschläge, frage nach seinem Studienfach – Theologie. Was studiert die Freundin – das gleiche, beide im ersten Studienjahr.

Warum gerade Theologie?

Die beiden sehen sich an, dann wendet das Mädchen im Bett mir das Gesicht zu, erzählt lustlos von einem Abitur in Döbeln, einer Fachschule in Weißenfels, einem Hochschulstudium der Ökonomie, das hat sie abgebrochen.

Warum?

Schulterzucken, es sei langweilig gewesen, abstrus, theoretisch.

Aber sie wollte doch Ökonomie studieren?

Sie wollte gar nicht.

Warum hat sie es getan?

Ich habe ja aufgehört.

Sie hat aufgehört, als sie einen Mann kennengelernt hat. Der arbeitete in einem kirchlichen Heim für Schwachsinnige, beschaffte ihr dort Arbeit in der Küche, im Haus eine kleine Wohnung, dort wohnten beide zwei Jahre lang, dann sei ihr klargeworden, daß auch bei der Kirche eine qualifiziertere Arbeit ohne Studium nicht zu finden sei, außerdem hat sie sich von dem Mann vorläufig wieder getrennt. Berlin, das sei für sie ein neuer Anfang.

Ein neuer Anfang, und warum bei der Kirche? Sie schweigt. Sagt dann, an der Erziehung könne es nicht gelegen haben, ihre Eltern seien Lehrer. Verstummt wieder. Dann fällt ihr doch etwas ein: Bei Kirchens waren alle so nett.

Und jetzt glaubst du an Gott, was heißt das für dich?

Das Mädchen grinst, der junge Mann auf dem Sessel, inzwischen Pfeife rauchend, grinst auch, er sagt: Fragen kannst du ruhig, aber du wirst keine Antwort bekommen.

Ich weiß, es schickt sich nicht mehr, Gläubige nach ihrem Gott zu fragen, es klingt dumm und ungebildet, auch grob, weil der Glaube als empfindliche Privatsache behandelt wird. Aber wenn es sich um eine neu gewonnene Überzeugung handelt, zumal um eine, die einen Beruf tragen soll, müßte man doch danach fragen dürfen. So etwa kommentiere ich meine Frage, jetzt gibt der Mann mir recht, verweist auf die Geschichte der Kirche, wo es zeitweise verboten war, nach Gott zu fragen, das Wort auch nur auszusprechen, es wurde umschrieben, dann sagt er: Du hast es doch schon selbst genannt, was dahinter steht, daß man so reagiert – die Empfindlichkeit. Und es ist unmöglich, und ich sehe den Sinn nicht ein, innerhalb einer kurzen Erstbegegnung eine für mich gültige Lebensauffassung zu artikulieren. Ob ich nicht selbst das Gefühl hätte, daß eine solche Frage wie ein Angriff klingt?

Ich wollte nicht provozieren, aber das Gespräch ist längst nicht mehr freundschaftlich, und als ich ihn nach der Zukunft frage, ob er vielleicht als Landpfarrer in einer schönen

Gegend arbeiten will, Haus und Auto gibt die Kirche, die Kinder spielen im Garten, die Frau spielt Klavier, klingt mir das selbst unsachlich. Seine Antwort: Mich findest du nicht unter dem Apfelbaum.

Du willst also nicht aufs Land?

Doch, zur Zeit gerne.

Also doch unter den Apfelbaum?

Er verzieht das Gesicht – du willst mich offenbar nicht verstehen. Der Apfelbaum, das sei für ihn ein Bild von der Idylle, der Apfelbaum könnte überall stehen, mit dem Apfelbaum hätte er nichts zu tun, gar nichts. Und wenn er gesagt hat, er würde gern auf dem Lande arbeiten, dann nicht irgendwelcher Vorteile wegen, sondern weil ein Pfarrer dort brauchbares Rüstzeug bekommt, mit allen Fragen der Gemeindearbeit vertraut wird. Mehrmals betont er, daß er in jedem Fall Pfarrer werden will, sich aber heute noch nicht festlegen könne, wo. Fixiere mich nicht auf diesen Punkt! ... Ob ich denn aus den Antworten seiner Freundin vorhin nicht verstanden hätte, wie groß die Zeitverluste sind, die man durch die Provinz erleidet, wie wenig man von sich weiß, wie schwach man seine Wünsche vertritt. Das sei es doch, was ihn an Berlin schockiere: das Selbstbewußtsein der Leute. Aber da sei ja auch vieles nicht echt, vieles ...

Er unterbricht sich plötzlich, steht auf, geht zum Ofen, stochert in der Glut, das Frühstück ist beendet. Das Mädchen steigt aus dem Bett und verläßt das Zimmer. Der Mann lehnt am Ofen, raucht, sieht an die Wand.

Auf dem Arbeitstisch neben ihm liegen aufgeschlagene Hefte und Bücher, ein mit Gummis zusammengehaltener Stapel winziger Zettel, ein graugrünes Buch: *Der Imperialismus als höchstes Stadium des Kapitalismus.* An die Wand sind zwei Landkarten gezwickt, auf einer erkennt man die Überschrift: *Das römische Imperium im 1. bis 4. Jahrhundert.*

Unerwartet heftig sagt der Mann plötzlich: Wenn du mich zum Beispiel danach gefragt hättest, warum ich zur Theologie gekommen bin, müßte ich dir mit meinem Entwicklungsweg antworten. Ich bin aus dem Erzgebirge. Verstehst du, das sagt alles, mehr brauchte ich nicht zu sagen, nur: Ich bin aus einem kleinen Dorf im Erzgebirge. Meine Eltern sind Angestellte in einem Textilkombinat, ich bin nicht christlich erzogen, aber die Provinz, die Abgeschiedenheit, die geringen Wahlmöglichkeiten, ... den letzten Satz murmelte er nur, sagt dann nach einer Pause: ein Außenseiter. Dazu gehört ja dort nicht viel. Es genügt, daß man Gedichte liest.

Er habe BMSR*-Techniker gelernt, da sei er reingeschubst worden, das galt als zukunftsträchtig, mit 18 Jahren sei er sofort nach Dresden gegangen, eine Großstadt, auf der Abendschule habe er das Abitur nachgeholt und in der Jungen Gemeinde Leute getroffen, mit denen er sich identifizieren konnte, da sei ihm das Abitur leichtgefallen, weil er schon gewußt habe, wofür er lerne – um Pfarrer zu werden. Allerdings sei seine Studienbewerbung drei Jahre hintereinander abgelehnt worden, in der Zeit habe er als Pfleger in einem Krankenhaus gearbeitet.

Es kommt schon aus der eigenen Empfindlichkeit, daß man *den* Weg geht, sagt er, man erkennt seine Verletzbarkeit, aber man lernt, damit umzugehen.

Vor kurzem habe er im Zug eine Psychologiestudentin kennengelernt, die habe gesagt: Wir machen ja eigentlich dasselbe. Aber das sei eben der Unterschied: Der Psychologe versucht, dem ICH das Selbstwertgefühl zu geben, indem er ihm aus sich selbst heraus hilft, der Seelsorger dagegen will den Menschen helfen, das andere ICH anzunehmen, gerade

* Betriebsmeß, -steuer und -regeltechniker

so, wie es in der Bibel heißt: »Wer sich um meinetwillen verliert, der wird sich erst finden.«

Als er sieht, daß ich den Satz mitschreibe, sagt er, der sei ungenau zitiert, nimmt eine Bibel, sucht, findet nicht, sucht weiter, er sei immer der Meinung gewesen, es stünde in der Bergpredigt, aber er könne mir sagen, wie es bei Johannes steht: »Wer sein Leben lieb hat, der wird es verlieren, und wer sein Leben hasset, der wird es erhalten zum ewigen Leben«, erneutes Blättern, es sei ja lächerlich, gerade war Prüfung in Bibelkunde. Aufatmen. Ich bin ja froh, hier steht es, Matthäus 16, 25: »Denn wer sein Leben erhalten will, der wird es verlieren, wer aber sein Leben verliert um meinetwillen, der wird es finden.«

Johannes, so erklärt er mir, werde zu den Gnostikern gezählt, die das irdische Leben so schnell wie möglich hinter sich bringen wollten, Matthäus dagegen sehe die Botschaft auch in der irdischen Welt als gültig an. Er selbst stimme mit Matthäus überein.

Das Mädchen kommt wieder herein, in Jeans, Pullover, die Taille mit einem Gürtel eng geschnürt, Lippen rot bemalt, nimmt den Zettelstapel vom Arbeitstisch, setzt sich aufs Bett, legt die Zettel aufeinander. Auf jedem steht eine Hebräisch-Vokabel, achthundert müssen sie im ersten Semester lernen, dann kein Hebräisch mehr. Das erklärt mir der Mann, während das Mädchen lautlos die Lippen bewegt und die Zettel dabei umwendet. Er lobt diese Methode, jedes Wort auf einen Zettel zu schreiben, seine Freundin habe die erfunden, sie lächelt ihm zu, er lächelt zurück, dann reißt er den Blick los und bittet mich, noch einmal zu erklären, was ich eigentlich vorhabe.

Nein, sagt er dazu, darin sähe er keinen Sinn. So ein zufälliger Moment, eine Situation wie die heutige zum Beispiel, wo er sich überrumpelt gefühlt hat, keine Lust hatte zu reden, das gefällt ihm nicht. Ich frage, ob ich das Gespräch hier nicht beschreiben soll. Mach, was du willst, sagt er. Aber ich lege Wert darauf, daß ich nicht auf Dinge festgelegt werde, die ich nicht gesagt habe. Etwas wirklich Wichtiges kann in so einem oberflächlichen Bericht ohnehin nicht stehen.

3 Treppen

RECHTS
Peter N.

Stimmen hinter der Tür, es öffnet ein athletischer Mann im Unterhemd, während ich mich vorstelle, hört er mit offenem Mund zu, beginnt zu nicken, sagt dann laut: Kommen Sie rein, legen Sie ab, jetzt werde ich Ihnen eine Geschichte erzählen, wenn Sie das hören, sagen Sie, so was gibt es nicht!

Er zieht mich an der Schulter in den Flur, vorbei am Spiegel, da sehe ich eine Tätowierung auf seinem Arm, dann geht es rechts um die Ecke, er drückt mich in einen Sessel, verschwindet, und ich bin allein im Zimmer. Dann spüre ich einen Blick im Rücken: im Laufgitter neben dem Ofen steht ein Kind. Obwohl es Mühe hat, den Kopf geradezuhalten, heftet es den Blick auf mich. Wir sehen uns in die Augen.

Der Mann kommt zurück, diesmal im Oberhemd, nach ihm eine dünne, blasse Frau, streicht dem Kind im Vorübergehen über den Kopf. Es ist krank, sagt sie, Bronchitis, und setzt sich mir gegenüber auf das Sofa. Schräge Augen, schwarz nachgezogen, blonde Haare, gescheitelt und geknotet, sie schweigt und sieht schön aus.

Der Ehemann spricht, hat seinen Drehsessel weit zurückgeschoben, braucht Platz für den rechten Arm, der unterstreicht in der Luft bestimmte Wörter: Machen Sie sich's *bequem*, wir *rücken zusammen*, fünf Personen in *anderthalb Zimmern*, drei Treppen *unterm Dach, schön rustikal* also – bricht ab, sieht mich begeistert an, schlägt mit der Faust auf den Tisch, – Mann, Mann, Sie haben genau auf den richtigen Knopp gedrückt!

Was er erzählen will, ist die Wohnungsgeschichte, Geschichte des Kampfes um eine größere Wohnung. Daten und Zahlen hat er im Kopf – es war ein vergeblicher Kampf, wie ich hier sehen kann. Zille hat gesagt, man kann einen Menschen mit einer Wohnung erschlagen wie mit einer Axt, wußten Sie das?

Er fragt nach meiner Wohnung, hört, stöhnt, da könnte er schon wieder verrückt werden, drei Zimmer für drei Personen! Getauscht, sage ich, zugewiesen hätte mir die niemand. – Na, dann tauschen Sie doch mit mir. Und ich soll nicht lachen, dabei lacht er selbst und schüttelt den Kopf.

Peter N. ist in diesem Haus groß geworden, bei seiner Oma, bekam zwei Treppen eine Ein-Zimmer-Wohnung, als er volljährig wurde, zog eine Treppe höher in die Anderthalb-Zimmer-Wohnung, als das erste Kind unterwegs war, hätte er da nicht über einen ähnlich kurzen Weg noch ein Zimmer dazu bekommen können?

Nein, so gerade läuft das Leben nicht die Treppen hoch. Peter N. mußte laufen, laufen, laufen, bis sich sein ganzes Leben verändert hatte, nur die Wohnung nicht.

Seine Genossen reagierten verwundert, als er aus der AWG* austrat (wie sollte ich die 1200 Arbeitsstunden leisten, bei Schichtdienst?), ärgerlich, als er eine Wohnung ablehnte (links die Grenze, rechts der Friedhof, das ist doch kein Leben!), und böse, als er einen Antrag auf Eigenheimbau stellte. Die Dienststelle lehnte den Antrag ab.

Er hat den Betrieb verlassen und war doch das Beste, was er sich in Berlin vorstellen kann: Wachtmeister auf dem Alexanderplatz.

Berlin-Alexanderplatz, das Wort hinterläßt einen Geschmack auf der Zunge, anderthalb Millionen Menschen

* Arbeiterwohnungsbaugenossenschaft

passieren den Alexanderplatz in 24 Stunden, zwischen Hotel Stadt Berlin – Centrum-Warenhaus – Intecta – Berolina und S-Bahnhof war sein Revier, er nennt den Alexanderplatz *die Platte*. Atmet hörbar ein, atmet hörbar aus, geht viel Luft rein in einen Wachtmeister.

Ich mußte mich entscheiden zwischen Volkspolizei und Familie.

Sein Haus wird nun gebaut, in Eckersdorf, am Berliner Stadtrand, auf dem Grundstück der Großeltern, Baubeginn I. Quartal 1981, Fertigstellung II. Quartal 1982, das ist bald, nicht in zehn Jahren, aber hätte das nicht auch anders gehen können?

Betrübt winkt er ab, ein fröhlicher Berliner Junge eigentlich, sieht sehr jung aus, wenn er lacht. Lacht andauernd, denn er erzählt von der Umstellung im Berufsleben.

Bei der Polizei, da gab es Weisungen, da war eine Linie vorgegeben, die wurde ausgeführt, man wußte immer, was zu tun war. Im Berufsleben sei alles anders, da habe jeder eine Meinung, und es werde diskutiert, gemurrt und geknurrt und am Ende gar nichts gemacht.

Ja, das findet er selbst sehr gut gesagt, »gemurrt und geknurrt«, stimmt genau, und das demoralisiert eben. Solange er seine Uniform hatte, habe er sich nützlicher gefühlt.

Ich muß mit Leuten zusammenarbeiten, gegen die ich früher eingeschritten bin – Trinker!

Dazu kommt, wenn er jetzt irgendwo in der Stadt unterwegs ist, hat er Mühe, die Delikte alle zu übersehen, die ihm ins Auge springen! Es dauert Jahre, bis man alles *sieht*, jetzt hat er einen Blick für die kleinste Gesetzesüberschreitung, und das kann zur Qual werden, wenn man machtlos ist. Da vorne fange es schon an, sagt er und zeigt in Richtung Dimitroffstraße, wenn die bei Rot über die Kreuzung gehen, da kann er gar nicht hingucken.

Ich gehe auch oft bei Rot über die Straße und will wissen, was er als Polizist im Dienst in diesem Fall mit mir gemacht hätte. Sind Sie farbenblind, hätte ich gefragt und Sie zur Verkehrserziehung geschickt, denn Geld haben sie heute alle, aber Zeit haben sie keine.

Ist es nicht albern, wenn fünfzig Menschen sich gegenüberstehen und nicht wagen, eine leere Straße zu betreten, nur weil das rote Licht brennt?

Er lacht, na klar, aber es ist ja für Ihre Sicherheit, und wir haben nun mal leider keine Zwischenregelung.

Disziplin muß sein, dieses Berufsleben ist nichts für ihn, schließlich sei er noch nicht im Rentenalter, im Gegenteil, mit 27 Jahren könne man noch etwas leisten, er will sich nach einer Arbeit umsehen, wo Disziplin verlangt wird, Armee vielleicht.

Das Kind im Laufgitter beginnt zu weinen, die Frau steht auf, trägt es ins Kinderzimmer.

Kinderzimmer, sagt Herr N., lächerlich, das Fenster schließt nicht richtig, Sonntagmorgen können wir nicht mehr ruhig schlafen vor Angst, und fragt, ob ich Beziehungen zu den Bildredaktionen der Illustrierten hätte. Er ist Fotoamateur, bei der Volkspolizei war er in einem Fotozirkel, und er hätte schon etwas anzubieten. Die Jungs von den Zeitungen seien ganz schön fix, die habe er manchmal so beobachtet, mit denen würde er schon tauschen, der Beruf könnte ihm gefallen. Und da er an die Fotografen denkt, erinnert er sich gleich an Reporter, auch an die Westreporter auf dem Alexanderplatz, wie schnell die einem das Mikrofon unter die Nase halten, und Kameras sind plötzlich auch da, ist ja blankes Geld für die, so eine Aufnahme, aber er gibt eine sparsame, korrekte Antwort: Meine Herren, wenden Sie sich bitte an die Presseabteilung des Außenministeriums.

Erhebt sich, legt eine Mappe mit Urkunden auf den Tisch, soll ich mir ansehen, zieht eine dunkle Nylonkutte über das Oberhemd, kämmt sich eine Ente, hat Termin beim Zahnarzt.

Die Frau ist auf dem Sofa sitzengeblieben, zum ersten Mal sehe ich mich im Zimmer um, es ist halbdunkel und kühl, die Fenster zur Hälfte mit Plüschdecken verhängt, das soll die Kälte abhalten. In der Ecke steht nicht wie sonst in diesen Zimmern eine Liege, sondern ein Ehebett. Das Schränkchen an der Wand ist ein Nachttisch. Die Frau sagt, es sei das einzige, was sie sich bisher angeschafft hätten, das Schlafzimmer und den Farbfernseher, mehr passe in die Wohnung ja auch nicht rein.

Wie eine Porzellanfigur sitzt sie mir gegenüber, bewegt sich nur, um mir die Bilder der beiden anderen Kinder vom Nachttisch herüberzureichen, postkartengroß, in dicken Plastehüllen. Jedesmal, wenn ich sie etwas frage, sagt sie drei, vier Sätze, senkt dann die Stimme, will das Gespräch beenden. Sie hat Kellnerin gelernt, im Gästehaus der Regierung gearbeitet, bei Empfängen serviert, wohnt seit sechs Jahren hier, sitzt seit einem Jahr zu Hause und zweimal in der Woche beim Arzt, der kleine Sohn ist nicht krippenfähig, hatte in diesem Winter schon dreimal Lungenentzündung, sie gibt der Wohnung die Schuld.

Dreimal Lungenentzündung, das kommt mir etwas übertrieben vor, hier ist jedenfalls ein Gesprächsstoff: Krankheiten, Ärzte, Fehldiagnosen. Sie würde lieber arbeiten gehen, sagt die Frau, es sei anstrengend mit dem kranken Kind. Und keine Abwechslung. Leute hätten ihr schon geraten, sich scheiden zu lassen, pro forma natürlich, dann wäre sie alleinstehend mit drei Kindern, also kinderreich, bekäme Unterstützung und vielleicht eine bessere Wohnung, aber das wollen sie beide nicht.

Die Haustür klappt, Peter N. ist vom Arzt zurück, reibt sich die Hände, na, die Damen immer noch beim Kaffeeklatsch? Er ist wieder da, es scheint wärmer im Zimmer, vielleicht, weil er schon wieder die Ärmel hochkrempelt, läuft zu Hause wohl immer im Unterhemd herum.

Unterwegs hatte er einen Einfall: Ich soll über seine Oma schreiben, die wohnt eine Treppe höher, tolle Frau, die wäre es wirklich wert, daß einmal über sie geschrieben wird! Er verspricht, mich der Oma vorzustellen, und zwar sofort.

Vier Treppen links öffnet eine hagere, alte Frau, ohne das Licht im Flur einzuschalten. Wir verabreden uns für den nächsten Vormittag, da kommt eine Frau die Treppe hoch, lächelt schon von weitem, schüttelt einen nassen Regenschirm aus. Tag Helga, sagt die alte Frau, Tag Mutti, sagt Peter N., Großmutter – Enkel, Mutter – Tochter und Mutter – Sohn begrüßen und verabschieden sich, Peter N. will nach unten gehen und ein paar Stunden vorschlafen, denn heute nacht werden auf dem Grundstück in Eckersdorf die ersten tausend Ziegelsteine abgeladen.

Der Anfang, sagt er glücklich.

Am nächsten Tag begegnen wir uns im Treppenhaus, die Steine sind nicht gekommen, die N.s haben umsonst die ganze Nacht gefroren, der Betrieb behauptet, ein Wagen sei ausgefallen.

Verklagen, sagt Peter N. finster. Das wird verklagt.

4 Treppen

LINKS
Johanna N.

Ebenso wie am Tag zuvor steht Frau N. im dunklen Flur, gibt mir aber sofort die Hand und schüttelt sie kräftig.

Im Wohnzimmer stehen zwei Sessel am Ofen, da werden wir sitzen, zwischen uns ein runder Tisch, das Deckchen darauf blaukariert und dünn wie ein Herrentaschentuch. Frau N. hat die Hände auf den Schoß gelegt und wartet auf meine Fragen. Wann ist sie eingezogen?

Im Jahr 1931 mit der Tochter Helga und den Brüdern Richard und Max. Max war ihr Mann, und Richard wollte nicht heiraten. Sie haben sich immer gut vertragen und sich »das Kleeblatt« genannt.

Frau N. wurde 1902 in Schlesien geboren, der Vater Korbmacher, zog 1906 nach Berlin, die große Wohnung in der Dunckerstraße gab die Familie nach dem Ersten Weltkrieg auf, seit 1919 wohnten sie in der Stargarder Straße.

Frau N. rückt mir die Lampe zurecht – so schreibt es sich besser. Sie selbst nun hinter der Lampe, ihr Gesicht erkenne ich nur als einen bläßlichen Fleck, grell dagegen das karierte Deckchen, so glatt, als ob es frisch gebügelt wäre.

Max fuhr Schichtdienst bei der Post, Richard war Fleischer in der Knaakstraße, Frau N. blieb zu Hause und pflegte Kranke.

Es hatte sich schon am Hochzeitstag angekündigt – vormittags Trauung, mittags um eins eine Beerdigung (der Schwiegervater) – und wurde ihr Los: der Mann magenkrank, die Tochter mit Klumpfuß geboren, die Eltern Pflegefälle, ganze Nebenlinien der Familie starben weg, schließlich auch die Männer, der Vater, die Mutter.

Mutters Grab haben Maulwürfe um und um gewühlt.

Rechts von uns steht ein Büfett mit Agaventopf, helles Linoleum ist unter den Eßtisch genagelt, auf dem Tisch liegt eine Wachstuchdecke, eine Uhr tickt.

Frau N. erklärt ausführlich die Krankheiten, die Operationen, den Klumpfuß.

Helga hatte gar keinen Klumpfuß. Die Nabelschnur war um den Fuß gewickelt, davon ist er so gewachsen. Der Chefarzt lehnte damals ab, aber ein Jugoslawe hat das Kind operiert. In drei Wochen trägt sie jeden Schuh, hat er gesagt, und es stimmte! Die erste nichtblutende Operation in Deutschland, sagt sie, der Arzt sollte Professor werden, aber 1933 mußten Ausländer gehen. Er hieß Doktor Benzon und ist später Gesandter geworden für sein Land. Nach dem Krieg hat er der Familie N. eine Karte geschrieben.

Acht Jahre nach der Operation – also 1941 – ist Frau N. mit Helga in die Luisenstraße bestellt worden.

Sie kommen mal mit. Und das Kind geht hier rein.

Das Kind geht nirgendwohin!

Ihr Kind ist ein Krüppel, Frau N., es muß sterilisiert werden. Aber es war kein Klumpfuß, die Unterlagen liegen in der Charité, die Unterlagen lagen in der Charité! Und dann hatte sie eine Idee: – Jawohl, Sie können meine Tochter sterilisieren, aber erst nach Doktor Goebbels. Meine Herren, das ist Ihnen doch bekannt, daß der Doktor Goebbels einen Klumpfuß hat und zehn gesunde Kinder! Da ist es totenstill im Zimmer geworden, sagt Frau N., und ich habe Helga an die Hand genommen und bin weggelaufen.

Ich könnte einen Roman schreiben, sagt Frau N. und spricht wieder von den Maulwürfen.

Die Maulwürfe im Grab ihrer Mutter, davon sei sie ganz

mit den Nerven fertig gewesen, erst jetzt, nach der Umbettung, werde sie ruhiger. Jetzt könnte Ruhe sein.

Wenn nicht das viele junge Zeug wäre, das keine Lust zum Arbeiten hat und die Gegend unsicher macht. So verrufen war die Straße noch nie. Frau N. führt seit 1964 das Hausbuch.

Zwei Treppen tiefer hat einer gewohnt, als er einzog, war er 19, sein Mädchen 17, als sie ihn endlich im Knast hatten, war er 21. Zwei Jahre ging das: Kommen Sie schnell, er gibt wieder an, so schrie das Mädchen bei Frau N. an der Tür, wenn der Mann sie prügeln wollte, manchmal saß sie nackt im Bett und schrie um Hilfe, seine Freunde hauten sich im Treppenhaus wie die Kesselflicker, die gingen auch durch Türfüllungen, und ihre Fenster waren mit Brettern vernagelt.

Wenn sie keine Kinder gehabt hätten, sagt Frau N. Aber die Kinder mußte man doch rausholen, und schlafen konnte man auch keine Nacht mehr vor Angst, daß das Haus in die Luft fliegt, weil der junge Mann sich immer mit Gas vergiften wollte. Die Mutter dieses Mieters soll noch so einen Sohn gehabt haben, bei dem soll sie eines Tages tot umgefallen sein vor Schreck. Das muß eine Mutter alles ertragen. Aber die Mieter auch.

Nebenan, in der Mittelwohnung, da wohnte vielleicht ein Früchtchen, war erst 25, Trinkerin, die Mutter starb vor Kummer, der Betrieb hat sie kurzfristig entlassen, jetzt ist sie zu ihrem Freund gezogen. Und im Seitenflügel der Neue hat noch keine Zeit gehabt, sich anzumelden, ist nie zu Hause, einen Rauschgifthändler hat es gegeben, Partys sind da gefeiert worden, Männlein und Weiblein splitternackt durcheinander, und was unten im Seitenflügel sich tut, weiß gar keiner.

Die Kinder sind heute viel klüger als früher, sagt Frau N.

und zeigt auf den Fußboden. Da unten die drei Urenkel, über die kann sie immer nur den Kopf schütteln. Den Enkel hat sie großgezogen, der war so schüchtern, jetzt traut er sich schon mehr.

Neben dem Ofen hängt das Hochzeitsbild des Enkels, Peter N., er trägt die Uniform der Volksarmee. Frau N. paßt manchmal auf die Kinder auf, wenn die Eltern abends weggehen wollen. Sind ja noch jung, die beiden.

Frau N. wollte kein zweites Kind, wegen der Klumpfußgeschichte. Damals hat ein Arzt geholfen, ohne Geld dafür zu nehmen, zwei Monate später kam Gestapo hier in diese Wohnung, nahm Frau N. mit in die Prinz-Albrecht-Straße zum Verhör, aber sie hat sich rausgeredet. Ich konnte mich immer rausreden.

Ein Vierteljahr später kamen sie wieder. Frau N. hat beim Kohlenmann Bescheid gesagt, wo sie hin muß.

In der Prinz-Albrecht-Straße fahren sie einen immer mit dem Fahrstuhl hoch, daß man bloß nicht flitzen kann. Stundenlang mußte ich warten, an einer schmalen Treppe, dann brachten sie den Doktor hoch. Das hätte ich nie gedacht, daß ein Mensch plötzlich so alt werden kann, er konnte kaum gehen und sah mich so an. – Kennen Sie die Frau?

Er nickt.

Am Abend durfte Frau N. nach Hause gehen. Sie hat verlangt, daß jemand sie zur Tür bringt aus dem Labyrinth. War ein ganz feiner Kerl, der Doktor, nur der Name fällt Frau N. jetzt nicht ein.

Im Krieg war Frau N. Luftschutzwart. Kinder anziehen, alte Leute runterbringen, sie selbst ging nicht in den Keller, saß hier in der Wohnung. Einmal, da hatten sie den Straßennamen schon im Radio angesagt, und die Tochter lief deswegen von Siemens zu Fuß durch ganz Berlin, da stand das Haus in Flammen, die Feuerwehr hatte es schon aufgegeben, aber die Mieter löschten den Brand mit ihren kleinen Luftschutzspritzen. Das Dach war natürlich hin.

Auf die Siemens-Werke fielen fast täglich Bomben, die Nachbarn hörten es immer früher im Radio als Frau N., dann kamen sie und fragten: Ist Helga schon da?

Das war ein ganz feiner Kerl, der Doktor, sagt Frau N. wieder und erinnert sich plötzlich an den Namen: Doktor Ehrenwert, ein Jude. Ich frage nach den Juden, ob hier viele gewohnt haben. Oh, sehr viele, sie sind alle geholt worden, war bald keiner mehr im Hause, die Schneider, die Mützenmacher, nachts hat man sie geholt, sagt Frau N.

Der Hausarzt hat einen Zettel durchgesteckt: *Morgen früh müssen wir mit Sack und Pack antreten. Dr. Neihoff.*

Seine Praxis war Prenzlauer Allee, vis-à-vis von der Metzer Straße. Metzer Straße, gegenüber der Praxis, stand am nächsten Morgen das Ehepaar N., sah zu, wie der alte Arzt seinen Koffer aus dem Haus trug und auf einen Lastwagen stieg.

Es war ein letzter Gruß. Wir konnten ja nichts machen, sagt Frau N.

Kristallnacht in der Pappelallee, da stand ich wie versteinert, bis ein Mann mich am Arm zieht und flüstert: Seien Sie still, halten Sie den Mund, gehen Sie weiter! – Auf dem Grundstück in Eckersdorf hielten die Eltern zwei Jahre lang eine jüdische Familie versteckt. Eines Tages haben die es satt, andere in Gefahr zu bringen, gehen zurück in ihre Wohnung Schwedter Straße, werden auch abgeholt. – In der Dimitroffstraße war ein Wollgeschäft, da bedienten zwei junge Frauen, so freundlich, so einmalig freundlich, haben uns Farben zusammengestellt, Strickmuster gezeigt, das Wollgeschäft kann niemand in der Gegend vergessen haben, ein jüdisches Geschäft, als der Laden zusammengeschlagen wurde, am hellichten Tage, kamen viele Menschen. Mein

Mann und ich, wir taten so, als ob wir spazierengingen. Ich habe gesehen, wie die beiden Frauen in ein Auto gezogen wurden, sie haben geschrien.

Die Helga kam einmal den Weinbergsweg hoch. Dort, wo heute das neue Altersheim steht, stand damals ein jüdisches Waisenhaus – die Kinder waren in einer langen Reihe auf dem Bürgersteig angetreten, jedes mit seinem Püppchen im Arm, vorn, Männer in Uniform, rissen den Kindern das Spielzeug aus den Händen, warfen die Puppen in den Rinnstein, die Kinder auf den Lastwagen. Und Helga stand da, bis ihr ein Mann zuflüsterte: Fräulein, gehen Sie weiter, sonst kommen Sie auch mit rauf.

Auch solle ich, sagt Frau N., mal mit Frau Herzog reden. Die war Christin, daher durfte ihr Mann bleiben, mußte einen Stern tragen, in den letzten Kriegstagen hat ihn jemand angezeigt, sie haben ihn aus dem Luftschutzkeller geholt und im Friedrichshain erschossen, mit zwei anderen Juden. Frau Herzog wohnt jetzt noch in Nummer 6, die soll ich fragen.

Ich frage schon eine Weile nichts mehr.

Frau N. schweigt, sieht mich an, Angst darf man nicht haben, sagt sie.

In der Wohnung hier hat sich mein Vater mit seinen kommunistischen Freunden getroffen, immer ganz kurz, so schnell wie möglich, da war jeder in Gefahr, es konnte ja auch ein Spitzel dabeisein. Mit Unbekannten erst mal Fühlung nehmen. Wir haben öfter mal was gehabt. Und immer das Geknalle. Wie die Revolution losging, stand ich am S-Bahnhof Schönhauser.

Frau N. war 16 Jahre alt. Komm mal mit, mein Kind, hatte der Vater gesagt. Am S-Bahnhof Schönhauser sahen sie zu, wie Offizieren die Kokarden von den Uniformen gerissen wurden. Der Vater sagte: Das hätte ich mir nicht gefallen lassen, dazu ist man im Felde gewesen, sondern ich hätte sie mir als Offizier selbst abgenommen. Er schickte sie auch mit Milchkannen voll Suppe oder Kaffee zur Lothringer Straße, den weiten Weg immer unter Beschuß. Die Kommune kämpft für uns, hat er gesagt. Er war Kommunist.

Frau N. will über den Vater nicht weiter reden, sie schämt sich für ihren Bruder, der einmal einen Zeitungsartikel über den Vater geschrieben hat, aus Eigennutz. Wenn das der Vater wüßte, der war bescheiden.

Der Bruder taucht nur dieses eine Mal in Frau N.'s Erzählung auf. Er soll das ganze Gegenteil von ihr sein. Überhaupt auch viel jünger, hat nichts erlebt.

Beim Kapp-Putsch jedenfalls haben die Verbrecher von Kapp hier im Dachgeschoß gesessen, deswegen wollte die Polizei alle Männer des Hauses standrechtlich erschießen, in die Straßenkämpfe zwischen Nazis und Kommunisten 1930 ist Frau N. mit dem Kinderwagen reingefahren, berittene Polizei hat sie bis in den Hausflur verfolgt. Und dann der Beschuß von den Bombenangriffen, sagt sie, da hat man wieder das Theater gehabt. Wenn es wieder Krieg gibt, soll er so werden wie der erste, da war es in Berlin auszuhalten, wo sollen wir denn sonst hin?

4 Treppen

MITTE

Burkhard und Sabine B.

Burkhard, verschlafen, im Trainingsanzug, kann sich nicht erinnern, wann er die Wohnung zum ersten Mal gesehen hat – irgendwann im April 1978, der erste Eindruck war gut, wie sonst, er hatte diese Wohnung gewollt und bekommen, am 1. Mai ist er eingezogen, das weiß er genau, Freunde haben ihm geholfen.

Auffällige Möbel ringsum. Eine vergoldete Frisierkommode (Rokoko) steht neben der Balkontür, ein Marmortisch vor dem Sofa, die Schrankwand ist aus dunklem Holz, und an der Wand über dem Eßtisch hängen sechs alte Waffen, zwei Hellebarden dabei.

Bemerkenswert sind noch zwei schwere neue Sessel, in einem liegt Wäsche, die gerade von der Leine genommen ist, in dem anderen Klammern für die Sachen, die noch aufgehängt werden müssen. Burkhard nimmt ein Wäschestück in die Hand, geht damit auf den Balkon, ich soll erst mal warten. Danach erklärt er lustlos den Helm, der auf der Schrankwand steht: Preußischer Paradehelm, daher keine Spitze obendrauf, sondern ein ganzer Vogel – der Adler. Ob den nur Offiziere zur Parade trugen oder auch Soldaten, das weiß er nicht, es klingelt, er geht zur Tür.

Vom Sofa aus, auf dem ich seit zehn Minuten sitze, sehe ich die Frau, der er geöffnet hat, einen Augenblick lang im Gegenlicht auf der Schwelle stehen. So eine habe ich in Berlin bisher nur im Kino gesehen, in russischen Filmen, ONKEL WANJA zum Beispiel, das Mädchen mit roten Zöpfen und

Sommersprossen, das liebt und nicht geliebt wird, sprachlos allen zusieht und alle irritiert durch gleichzeitige Amüsiertheit und Traurigkeit. So erscheint mir Burkhards Frau Sabine, keine Zöpfe allerdings, sondern kurze, rote Locken, wie eine Katze rollt sie sich auf das Sofa, und Burkhard geht endgültig auf den Balkon – Wäsche aufhängen. Sabine erinnert sich genauer an den ersten Tag in dieser Wohnung, zu zweit sind sie nach der Arbeit nach Prenzlauer Berg gefahren, er hatte damals ein Zimmer in Grünau, sie ein Zimmer in Marzahn, in dem alten Dorfkrug, der jetzt als historische Gaststätte rekonstruiert werden soll. Historische Gaststätte, sagt sie. Laut und primitiv, Toilette auf dem Hof, mir hat's gereicht.

Diese Wohnung hier geht auf Burkhards Namen, es sollte eine Übergangswohnung sein, denn Sabines Betrieb hatte eine AWG-Wohnung versprochen, zwei Zimmer in Marzahn.

Es war hell abends, sagt Sabine, und die Wohnung sah schön ordentlich aus, nicht verwohnt, der Hof ruhig, ich würde überhaupt immer lieber im Hinterhaus wohnen.

Später hat sich dann herausgestellt, daß doch allerhand zu machen war, und sie haben alles gemacht: Fenster, Türen und Wände gestrichen, tapeziert, Linoleum verlegt, als die Wohnung fertig war, haben sie geheiratet. Am sechsundzwanzigsten achten neunzehnhundertachtundsiebzig, sagt Sabine langsam und nachdrücklich. Von der Heirat sollte niemand etwas erfahren, am Polterabend haben sie bei Stokkinger chinesisch gegessen, und danach sind sie ins Kino gegangen, ins Colosseum: SIE NANNTEN IHN PLATTFUSS.

Nach der Trauung sind sie wieder zu Stockinger gegangen und haben eine kalte Platte bestellt. Erst eine Woche danach haben sie die Eltern eingeladen. Burkhard hat Sabines Großeltern mit einem Auto von Rostock abgeholt, und alle saßen hier in dem Zimmer an einem reichgedeckten Tisch und wunderten sich, wozu man sie zusammengeholt hatte. In einer Vase stand Sabines Brautstrauß, ein Biedermeierstrauß aus kleinen lachsroten Rosen. Ein Neffe fragte, warum der eine Schleife hätte, aber außer Sabine hat den Satz niemand gehört. Es war beiden peinlich zu sagen, daß sie geheiratet hätten, schließlich gab Burkhard dem Neffen das Ehebuch mit den Worten: Hier, willste mal lesen? Da begann ein allgemeines Schluchzen und Lachen, aber Sabines Mutter sagte: Euch betrachte ich noch nicht als verheiratet.

An der Tür und am Briefkasten stehen zwei Namen, ich sage Sabine, daß ich sie auch nicht für verheiratet hielt, daß hier im Haus überhaupt kaum Ehepaare wohnen. Doch, sagt sie mit diesem eigenartig belustigten Blick, wir sind verheiratet. Bis August oder September, da haben wir Terminschwierigkeiten, dann sind wir wieder geschieden. Ich glaube ihr nicht, frage Burkhard, der wieder ins Zimmer gekommen ist, der nickt und lacht, Sabine lacht auch – wir vertragen uns nur so gut, aber es stimmt.

Weiter spricht sie etwas zu laut: Sie wollten über die Wohnung etwas wissen, das ist auch wegen der Wohnung. Wir haben nur wegen der Wohnung geheiratet, damit wir eine Zweizimmerwohnung von meinem Betrieb kriegen können, und das hat ihn fertiggemacht, daß wir deswegen heiraten mußten. Ich habe gesagt, das ist doch egal, wir leben so wie vorher, aber ihn hat das unheimlich fertiggemacht. Der ist da so komisch.

Burkhard sitzt am Eßtisch, guckt ärgerlich darüber, daß die Frau sich nicht zusammennehmen kann vor fremden Leuten. Es käme noch anderes dazu, sagt er lakonisch, aber das sei wahr, wenn man ihn zu etwas zwingen will, dann läuft bei ihm nichts mehr. Er habe es doch redlich versucht. Ob ich ihm sagen kann, warum man bei uns nur eine AWG-

Wohnung bekäme, wenn man verheiratet sei? Die Wohnung, für die geheiratet wurde, wird es für die beiden nicht mehr geben, Sabine hat »alle Hebel in Bewegung gesetzt« und erreicht, daß ihr für den Herbst eine Ein-Zimmer-Wohnung versprochen wurde. Das wird in Marzahn sein, und weil die Kollegen so verständnisvoll zu ihr waren, wird sie erst einmal einziehen müssen, muß sie warten mit dem Tauschen nach Berlin, so sagt sie.

Sabine arbeitet seit vier Jahren im Marzahner Werkzeugmaschinenbau als Facharbeiter für Datenverarbeitung, in ihrer Abteilung hat sie etwa zwanzig Kollegen, zehn davon sind miteinander verheiratet. Sabine findet das unangenehm, in dem neuen Wohnblock wird sie auch mit Werksangehörigen zusammenwohnen, also nur noch in Marzahn leben, und er, sagt sie mit langem Blick zum Eßtisch, bleibt hier. Hier ist es so schön.

Ich bleibe immer hier, sagt Burkhard. Sabine kommen die Tränen, und sie will mir erklären, warum: Er macht nur, was ihm Spaß macht! Er wollte nur Kraftfahrer werden, also ist er es geworden, seit Oktober hat er den blauen Reisebus, den liebt er wie ein Kind, fährt andere durch die Gegend, ist im Monat vielleicht drei Tage zu Hause, hat immer Himmel über sich, in einer Halle würde der gar nicht arbeiten! Und sie, sie war das beste Mädchen in der Klasse, der Mathelehrer hat ihr die Datenverarbeitung eingeredet, sie sollte den anderen mal beweisen, was sie kann, und sie kann was! Was sie macht, das würde der da drüben gar nicht verstehen, dafür sitzt sie den ganzen Tag in einem Raum ohne Fenster und arbeitet seit sechs Jahren in drei Schichten!

Ich liebe eben meinen Beruf. Kann ich was dafür, daß du dich geirrt hast? Das sagt Burkhard gelassen wie einer, der gewonnen hat.

An einem Vormittag habe ich Sabine noch einmal besucht, vor der Spätschicht. Sie saß an dem kleinen Marmortisch, der Fernsehapparat lief, und sie sprach mit Erleichterung darüber, daß sie mit der klobigen Schrankwand nichts zu tun hätte, auch mit den großen Sesseln nicht, das behalte alles ihr Mann. Sabine ist nicht für Schrankwände, sie will sich ein paar antike Möbel kaufen und einen schönen Teppich.

Ratlos und müde sprach Sabine über das Leben. Wie albern sich die Männer mit der Freiheit haben, wie sie das so ernst genommen hat und ihn immer allein in den Urlaub fahren ließ, ihr Mann dann aber außerdem noch einen langen JUNGGESELLENABSCHIEDSURLAUB mit seinem Freund verlangt hat, daß immer alles sauber und ordentlich war, wenn er von seinen Fahrten nach Hause kam, und daß er immer unfreundlich kam. Und das konnte er mir selber nicht erklären.

Dann holt Sabine eine olivgrüne Militärbluse und Jeans, auch Strümpfe, weil es in ihrem Arbeitsraum fußkalt ist, und zieht sich an zur Schicht. Die Hose ist eingelaufen bei der letzten Wäsche. Sabine zieht sie mit letzter Kraft zusammen, dabei wird sie wach.

Sabine vor dem Spiegel: Sieht der aus wie 27, der sieht höchstens aus wie 22, ist ja stolz, wenn ihn einer so jung schätzt, der will einfach so jung bleiben!

Sabine beim Hochziehen der Strümpfe:

Der soll sich nicht mehr blicken lassen, war ja bisher immer so, daß er gekommen ist, aber der kriegt eine gescheuert!

Sabine beim Kämmen:

Jeder denkt beim Heiraten: Ich bin der Fall, wo es nicht kracht. Ich habe das auch gedacht.

Dann ist sie fertig und zeigt mir in der Küche noch die Gewürzregale, die Burkhard gebaut und bemalt hat, seine Motorradwerkstatt in der Speisekammer und seinen schwarzen

Sturzhelm, mit Kopfhörer und Radioanschluß – auch selbst gebastelt. Sabine hat einen schwarzen Lederanzug und einen schwarzen Sturzhelm wie Burkhard, und wenn sie nun nicht mehr mitgenommen wird, muß sie sich selbst ein Motorrad kaufen, sagt sie und guckt wieder so belustigt und traurig zugleich. Sabine fährt nämlich gern Motorrad, da ist man in Verbindung mit der Umwelt.

4 Treppen

RECHTS
Karl Werner P.

In großer Schrift ist quer über die ganze Tür geschmiert:

Ein wunderschönes
1980 wünscht
Tina!
1. 1. 1980
1 Uhr 26

Inzwischen ist längst Sommer, der Besitzer hat das stehenlassen, eine Visitenkarte mit seinem Namen ist an den Türrahmen gezweckt, ohne Großschreibung: karl werner p.

Er öffnet – ein jugendlicher Mann mit Brille, blasses Gesicht, unruhiger Blick, erscheint einen Moment lang überrascht, dann sieht er glücklich aus.

Komm rein, sagt er, ich weiß schon, du willst über mich schreiben. Führt mich in ein Wohnzimmer mit Liege, Bücherregal und Schreibtisch, darauf eine Schreibmaschine, ein Blatt ist eingespannt.

Siehst du, sagt er mild, ich schreibe auch gerade.

Er erklärt, das werde die Rezension zu einem neu erschienenen Lyrikband, sehr jung, der Dichter, sein erstes Buch, da darf man nicht verletzen, fragt, was ich trinken will, Bier sei im Hause, bringt eine Flasche und ein Sektglas dazu, ein dünnes, altes Glas, stellt es auf ein Büfett, gießt das Glas voll und redet und redet, deshalb bleiben wir für etwa zwei Stunden am Büfett stehen.

Darauf befinden sich außer Bierflasche und Sektglas noch

ein zerschlagener Wecker, eine Schachtel COPYRKAL und das Plakat der Potsdamer Inszenierung von ZEMENT.

Wir sprechen über meine Absicht, die Bewohner eines Hauses zu beschreiben, über Dichtung und Wahrheit. Ja, aber, sagt Karl Werner P., das ganze Ausgedachte ist realer als die Realität! Mich interessiert die Kunst ja auch nur insofern, als sie teilhat an einer möglichen Veränderung der gesamten gesellschaftlichen Realität!

Er spricht schnell und nervös, will wissen, ob ich die neueste Inszenierung von DANTONS TOD gesehen hätte, das Ereignis der Saison, man muß so viel Wirklichkeit ins Theater holen, daß deutlich wird, wieviel Theater in der Wirklichkeit gemacht wird. Ich gehöre zu den Leuten, die noch glauben, daß das Theater ein soziales Labor sein kann! Sozial meine ich nicht in der ständig reduzierten Form! Es geht ja um die Überwindung des Kunsthorizonts, und dazu muß die Kunst selbst beitragen. Aber das Spielerische nicht vergessen! Wir sind nicht nur zoon politikon! – Er fuchtelt mit der Hand in der Luft, bemerkt den eigenen ausgestreckten Zeigefinger, lächelt, fragt, ob mir das zu theoretisch sei, ob es mich langweile, es sei vielleicht nicht der richtige Anfang für ein Gespräch, aber es sei ihm schon wichtig zu wissen, wer vor ihm stünde. – Zum Beispiel Büchner. Ich bin von radikalem Mißtrauen Leuten gegenüber, die Büchner nicht zur Kenntnis nehmen!

Er setzt sich mit Schwung aufs Büfett, auf das Plakat, spricht von oben zu mir herunter.

In diesem Zimmer steht das Regal quer, teilt es in eine Schlaf- und eine Arbeitsecke, das Fenster gehört zur Arbeitsecke, es ist geöffnet, warme Luft zieht herein, bewegt die Vorhänge und das Blatt in der Schreibmaschine. An die Wand über dem Schreibtisch sind drei Plakate genagelt: eines mit dem Gesicht Brechts, eines mit der Schrift ELEKTRO-

HUHN-LEIPZIG, eines mit dem Gesicht von Kleist, der Text darauf ist gut zu lesen:

Ich auch finde
man muß sich mit seinem
ganzen Gewicht
so schwer oder
so leicht es sein mag
in die Waage der
Zeit werfen.

Daneben steckt eine Wiegekarte.

Karl Werner P. macht eine Pause, sagt: Da kannst du lesen, was ich in die Waage der Zeit zu werfen habe. (Text auf der Karte: Sie wiegen 130 halbe Kilo.)

Dann spricht er über die Produktivität der Idee. Man ist in der Lage, mit dem vorliegenden Wissen die Welt in Frage zu stellen. Und das nicht erst seit heute!

Der Luftzug von draußen wird stärker, ein blaues Seidentuch fällt plötzlich auf den Teppich. Es hing an der Lampe, sagt Karl Werner P., springt vom Büfett, hebt es auf, steht nun wieder neben mir. – Das Festhalten, verstehst du, gehört zur Überlebensproblematik. Die Klammer zur Umwelt. Kommunikation. Das habe ich mir vorgenommen, in Zeiten der Not.

Ich will ihn nicht nach den Zeiten der Not fragen, frage nach dem kaputten Wecker. Ja, das ist auch so was, sagt er, den habe ich gestern an die Wand geworfen.

Sein jüngerer Bruder habe bei ihm übernachtet, der kleine Bruder, der gerade bei der Armee ist, nicht weiß, was er danach machen soll, und vor Wut über das Gejammer habe er, der Ältere, den Wecker an die Wand geworfen.

Mein kleener Bruder, sagt er zum ersten Mal in leichtem Sächsisch, wenn ihm andere den Roller weggenommen haben, bin ich aufs Rad und habe den Roller zurückgeholt, mei Kleener, der hat immer zu mir gehalten, hat mich in der Klapsmühle jede Woche besucht, das ganze Jahr.

Karl Werner P. ist erstaunt darüber, daß ich das nicht wußte. Das muß dir nicht peinlich sein, sagt er. Darüber können wir ruhig reden, ich habe das nicht verdrängt, ich weiß genau: Ich war verrückt!

Es sei das Ergebnis einer Selbstisolierung gewesen, im letzten Jahr des Studiums (wenn andere an einem vorbeiziehen, verstehst du). Zuerst sei er nicht mehr zu den Versammlungen gegangen, dann auch nicht mehr zu den Vorlesungen, dann habe er sich suchen lassen, ein ausgeklügeltes System erfunden, nicht auffindbar zu sein, und dann habe er Gott entdeckt. Bei der Beschäftigung mit Bobrowski. Eigentlich wollte er nur einer Kommilitonin bei der Diplomarbeit helfen.

Er sitzt schon längst wieder auf dem Büfett, baumelt mit den Beinen, ist sehr ordentlich angezogen, hellbraunes Oberhemd, braune Hose. Im Zimmer ist es dunkler geworden, ich habe Hunger, frage, ob er ein Stück Brot hat, er legt die Hand auf meinen Arm, sagt: Gleich wirst du ein schönes Abendbrot bekommen, ich will dir das nur noch erklären.

Jenseits, das war für mich die Welt, wo alles in Ordnung war, aber wie rüberkommen?... Ich habe erkannt, daß die Engel immer falsch interpretiert werden, war der Meinung, eigentlich sind es unsere Sinne, die den Eingang zum Paradies bewachen, also muß man die Sinne überwinden. Habe geübt, mich zu entmaterialisieren, wollte auch andere bekehren, Messiaskomplex, bekannte Sache, die Egozentrik. Und nun Gott. Der durfte ja nicht über mir sein...

Er machte eine Pause, gespanntes Gesicht, ob ich es erraten würde? Nein? – Nun: Ich war es selbst.

Im Dämmerlicht sieht er noch blasser aus als vorhin an

der Tür, sehr groß die Augen hinter den Brillengläsern, er lächelt.

Siehst du, das ist das Geltungsbedürfnis. Das habe ich jetzt noch. Was ich mache, soll Geltung erlangen.

Lange Zeit war es Geltung im Äußerlichen. Ich habe meine Freundin in die Hohe Tatra eingeladen, wir sind geflogen, die Flugzeuge landen in 1500 Meter Höhe, Feste habe ich gegeben, jedes für tausend Mark, an den Schulden zahle ich heute noch.

Unvermittelt springt er wieder vom Büfett herab, wühlt im Schreibtisch, will mir Gedichte zeigen:

Inmitten der Stadt
Kompost Hügel Geschichte
entwachsen der Erde und Knochen
rasenbegrünt heutige Oberfläche
darüber führn Wege,

(das ist über den Festplatz in Dessau, einen ehemaligen Friedhof), oder das, Stabreim:

Bin bei blonder Bärbel bechern,

(war nur Spaß), aber dieses:

Monolog der gelben Raupe:
Ich krieche mühsam nur auf kalter Erde
und habe Angst, daß jemand
mich zertritt
Wer weiß denn,
wer ich wirklich bin
die Gelbe Raupe jetzt
doch in mir wohnt ein
herrlich bunter Schmetterling.

Nickt, ja, das bin ich gewesen! Ich war die gelbe Raupe!

Das Bier ist alle, es waren nur zwei Flaschen, er schlägt vor, etwas zum Trinken zu kaufen. In der Kneipe an der Ecke ist an die Theke nicht heranzukommen, drei dicke Männer belagern sie, lassen die Arme darüberhängen, zwei zählen sich gegenseitig Geld in die Hand, der Kneiper stellt Gläser auf ein nasses Tablett. Wenn du noch Geld hättest, sagt Karl Werner P. zu mir, könnten wir Wein kaufen. Steht still hinter den dicken Männern, wartet geduldig, fragt plötzlich: Bist du auch für eine gewisse Verfeinerung? Nickt dann – aller Luxus ist vor dem Kapitalismus erfunden worden, die Bourgeoisie hat ihn nur verkäuflich gemacht.

Endlich reicht der Wirt uns eine Flasche Weißwein herüber, wir können gehen.

In der Küche schneide ich Brot, Karl Werner P. nimmt Vorräte aus dem Kühlschrank, es ist alles sehr geordnet, sauber, er spricht über die Büchsen, die Tomaten, die Butter, ich schmiere die Brote, er erzählt seine Herkunft. Der Vater aus Pommern, die Mutter aus Böhmen, der Vater Deutschlehrer in Dessau, die Mutter Hausfrau, Karl Werner ist der älteste Sohn, soll Offizier werden. Nach zwei Jahren Armee wird er untersucht und für ungeeignet befunden. Der Vater sagt heute noch: Du könntest ganz anders dastehen.

Karl Werner lacht böse. Ja, die Klapsmühle war eine völlige Reinigung!

Ich schneide Zwiebeln und Tomaten, ein Sommergeruch breitet sich aus, in Böhmen war ich oft, sagt Karl Werner P., das schlägt jetzt langsam bei mir durch, das Böhmische.

Wir tragen Tee, Tassen, Gläser und den Teller mit den Broten ins Zimmer, am Tisch sitzen wir in alten Sesseln, und Karl Werner P. spricht auch beim Essen, erklärt den Inhalt der Rezension, die er noch schreiben will, deren absichtsvolle Behutsamkeit.

Hinter ihm an der Wand hängt ein Ölbild im Goldrahmen. Mitten aus einem hellblauen See ragt eine Insel, Birkenwald wächst darauf. Der Himmel über der Insel ist blau, mit zerfransten weißen Wolken. Bäume und Wolken sind auch auf das Wasser gemalt – eine Spiegelung.

Karl Werner P. bemerkt, daß ich über ihn hinweg das Bild ansehe, dreht sich danach um, das habe sein Urgroßvater gemalt. Ich sage ihm, daß es mir so vorkäme, als ob es auf dem Bild dunkler geworden sei, das Wasser unruhiger, so als ob das Bild seine eigene Nacht habe, und er nickt.

In der Zeit, als ich verrückt wurde, habe ich manchmal stundenlang auf das Bild gestarrt, da war alles in Bewegung. Aber richtig durchgedreht bin ich dann erst zu Hause, am 24. 12. 1979 – Weihnachtsabend, Christi Geburt –, und bei uns gehen die elektrischen Kerzen nicht an. Mein Vater wundert sich, die gingen doch sonst immer, aber ich wußte plötzlich, es liegt an meiner Strahlung, ich bin Jesus!

Karl Werner P. schweigt einen Moment, sagt dann leise: Ich habe nichts erklärt, ich war stolz. Eingebildet.

Später habe er sich allerdings auch gefragt: Muß ich es gerade sein? Und er habe die Qual des Auftrags empfunden, und vor allem das: Laß dich nicht wieder ans Kreuz schlagen! Dann beschreibt er das Gefühl der Allmacht, er hätte alles verändern können, aber eigenartigerweise bestand keine Notwendigkeit, nur einmal hat er Schiffbrüchige gerettet. Das war ein Spielfilm im Fernsehen, und er hat die Rettung bewirkt, noch bevor der Film endete.

Wir lachen, es freut ihn, auf diese Weise amüsant zu sein, und ich frage ihn, ob er nie wirklich gearbeitet hätte.

Doch, er hat gearbeitet. Beim Fernsehen, bei einer Zeitung, aber auch in der Parteileitung einer Schokoladenfabrik. Dort habe er eine Jugendbrigade zusammengestellt, und das Problem der Bandarbeit habe ihn beschäftigt. Wie man das lösen könnte. Betriebsproblem sei allerdings die

Rationalisierung der Noisettenproduktion gewesen. Likör-Noisetten, Gelee-Noisetten, Schoko-Noisetten, mit einem Ingenieur zusammen habe er eine neue Art der Nußbestreuungsanlage entwickelt.

Siehst du, sagt er wieder sanft, darüber haben wir noch gar nicht gesprochen.

Verstehst du, lange war ich darauf aus, den Verhältnissen auf die Schliche zu kommen, dann wollte ich ihnen entschlüpfen, und jetzt will ich es anders durchschauen. Auch ein bißchen in Erscheinung treten.

Er spricht über seine Pläne – eine Reportage über behinderte Kinder, ein Theaterstück, ein Hörspiel, das Extern-Diplom in der Germanistik nicht zu vergessen – fragt, ob ich ein Verhältnis zur Rock-Musik habe, und ob es besser sei, mit Tonband zu arbeiten oder zu stenographieren.

Ich hab das gerne live, sagt er.

In dem schwachen Licht sind alle Konturen seines Gesichts verschwommen, er hat den ganzen Abend fast ohne Unterbrechung auf mich eingeredet, leise und nachdrücklich wie zu einem Schüler, auf den man große Hoffnungen setzt.

Siehst du, sagt er, Erfahrungen können nicht vermittelt werden. Und ich lasse mir eben die prinzipielle Veränderbarkeit der Welt nicht ausreden. Und daher habe ich eben nicht so viel zu tun mit den Herren Goethe-Hauptmann-Hacks! Ich würde mit Goethe ungern am Tisch sitzen. Heine? – Heine, ja! Zu Heine würde ich sagen: Halt mal die Klappe, Kumpel, wenn es mir zu viel wird. Und Büchner. Und viel wichtiger als die ganze Dichtung sei vielleicht das weibliche Prinzip, das müsse sich durchsetzen. Das sei vielleicht die Rettung.

Seit er aus der Klinik entlassen ist, arbeitet Karl Werner P. als Korrektor, er verdient gut, hat einen Dauerauftrag zur Abzahlung seiner Schulden eingerichtet und ist mit der Arbeit zufrieden.

Nachträge

Im September 1981 habe ich den in diesem Buch vorgestellten Personen, soweit sie erreichbar waren, das sie betreffende Manuskript gezeigt und ihr Einverständnis eingeholt. Das war eine Gelegenheit, nach Jahresfrist Bericht und Situation noch einmal zu vergleichen und auf Wunsch Ergänzungen nachzutragen.

Vorderhaus

Parterre links: In Frau L.'s Leben hat sich seither nichts Wesentliches verändert.

Parterre rechts, 1 Treppe links: Erika und Peter B. sind wegen des Versuches, die DDR illegal zu verlassen, verhaftet worden, eine Backwaren-PGH* hat die Bäckerei übernommen.

1 Treppe Mitte: Rita U. blieb nicht auffindbar.

1 Treppe rechts: Regina S. hatte eine leichte Geburt, der Sohn Mario ist bereits vier Monate alt und gesund, Regina S. war von der Pflege auf der eigenen Station begeistert.

2 Treppen links: Die Wohnung ist einer 70jährigen Frau mit ihrer 94jährigen Mutter zugewiesen worden.

2 Treppen Mitte: In Frau F.'s Leben hat sich seither nichts Wesentliches verändert.

2 Treppen rechts: Die Wohnung ist noch nicht bezogen, aber in Arbeit, die Nachbarin beklagt sich über das andauernde Hämmern und Bohren: »Ist das denn noch normal? Aber ein Wunder ist es auch nicht, denn heute wollen sie ja alles haben.«

* Produktionsgenossenschaft des Handwerks

3 *Treppen links:* Mario M. hat eine Lehre als Nachrichtentechniker begonnen.

3 *Treppen Mitte:* Erna M. spricht davon, daß sie in diesem Herbst sterben wird. Über Sobowitz sagt sie: »Man wollte mal was anderes sehen, ist man weggegangen von dort, aber es war nicht die richtige Zeit dazu.«

3 *Treppen rechts:* Bruno C. ist am 28. 9. 1980 auf der Intensivstation des Krankenhauses Nordmarkstraße nach einem dritten Herzinfarkt gestorben und wurde auf dem Friedhof St. Georg, Roelkestraße, begraben, ganz hinten rechts, wo der Grabstein schon stand, auch der Name schon eingemeißelt war, neben denen der Frau und der Schwiegermutter, so daß nur das Sterbedatum ergänzt werden mußte.

4 *Treppen links:* Im Leben von Irmtraut und Werner G. hat sich seither nichts Wesentliches verändert.

4 *Treppen Mitte:* Marina und Ralf S. haben sich drei Häuser weiter in einer Ladenwohnung ein Atelier eingerichtet.

4 *Treppen rechts:* Manfred M. ist aus Gesundheitsgründen als Brigadier abgelöst worden.

Hof

Werkstatt: In Frau G.'sLeben hat sich seither nichts Wesentliches verändert. Über die Jugendlichen möchte sie noch ergänzen: »Die sind nicht wirklich früher reif, als wir waren, sondern sie holen die Reife mit Gewalt aus sich heraus.«

Quergebäude

Parterre links: Der Fotograf zeigte mir diesmal sofort das Labor und erklärte mir ausführlich, wann und weshalb es geschlossen sei, damit niemand auf den Gedanken käme, bei ihm werde nicht gearbeitet.

Parterre Mitte: Frau S. sagt, ihr bliebe nichts, als auf den Tod zu warten, solange würde sie den Hausbewohnern zum Trotz die Katzen füttern. »Das ist ja deren größter Ärger, aber eine Katze ist auch Kreatur, hat auch niemanden um ihr Leben gebeten.«

Parterre rechts: Im Leben von Peter M. und Sylvia S. hat sich seither nichts Wesentliches verändert.

1 *Treppe links:* Richard S. ist im Mai gestorben. Frau S. sagt, sie habe sich das Alleinsein schöner vorgestellt, es mache keinen Spaß, zu zweit sei es doch besser, und er sei ein guter Mann gewesen.

1 *Treppe Mitte:* Bert T. arbeitet als Physiklaborant, wird im Juli 1982 an der Volkshochschule Berlin-Mitte das Abitur ablegen und sich danach zum Studium der Informationselektronik bewerben. Er bastelt nicht mehr, da er das in der Arbeitszeit ausreichend tun muß, sondern treibt Sport (alpiner Skilauf).

1 *Treppe rechts:* Angela S. hat geheiratet und ist in die Drei-Zimmer-Wohnung ihres neuen Mannes im Stadtzentrum gezogen. Dessen geschiedene Frau hat mit Angela getauscht und wohnt nun in Angelas Wohnung.

2 *Treppen links:* Familie F. ist ausgezogen, ohne die neue Adresse zu hinterlassen.

2 *Treppen Mitte:* Frau Z. ist nach wie vor nicht geneigt, mit mir zu sprechen.

2 *Treppen rechts:* Sibylle N. ist umgezogen, nach dem Baby-

jahr ein weiteres Jahr zu Hause geblieben, seit August arbeitet sie wieder, geheiratet hat sie nicht.

3 *Treppen links:* In Frau H.'s Leben hat sich seither nichts Wesentliches verändert.

3 *Treppen Mitte:* Hella A. hat wegen einer nicht bestandenen Prüfung das Studium für ein Jahr ausgesetzt, sie arbeitet und will nach Wiederholung der Prüfung das Studium fortsetzen. Im Leben von Rüdiger P. hat sich nichts Wesentliches verändert. Zu dem Text möchte er ergänzen, daß er wahrscheinlich deshalb gereizt reagiert hat, weil er es für unmöglich hält, bei einer Erstbegegnung über wesentliche Fragen zu sprechen; und wir seien ohnehin nicht daran gewöhnt, daß solche Gespräche Öffentlichkeitscharakter tragen können.

3 *Treppen rechts:* Peter N. hat noch zwei weitere Nächte vergeblich auf Ziegelsteine gewartet, alles andere lief reibungslos, Mitte September feiert er Richtfest, für Juni 1982 plant er den Einzug in sein neues Haus.

4 *Treppen links:* In Frau N.'s Leben hat sich seither nichts Wesentliches verändert. Frau N. erwartet mit großer Spannung die Ergebnisse von Erich Honeckers Reise nach Mexiko, sie fragt sich, ob er etwas gegen die Neutronenbombe wird unternehmen können.

4 *Treppen Mitte:* Burkhard B. fährt immer noch den blauen Reisebus, Sabine B. ist nach Marzahn in eine Ein-Raum-Neubauwohnung gezogen, will die ein Jahr abwohnen und dann nach Berlin zurücktauschen.

4 *Treppen rechts:* In Karl Werner P.'s Leben hat sich seither nichts Wesentliches verändert.

»Verstörende Momentaufnahmen aus einer erstarrten, nebelhaft bedrohlichen Welt.«

Der Spiegel

Irina Liebmann
Mitten im Krieg
Kurzprosa. Band 10704

Die Entstehungsgeschichte dieser Geschichten reicht noch tief in die Vor-Wende-Zeit zurück, in eine Zeit, während der in der damaligen DDR zwar kein Krieg, aber kriegsähnliche Zustände herrschten – die Grenzen gegen Westen waren verriegelt, die Bewegungsfreiheit im eigenen Lande beschränkt, es herrschte Mangel an innerem Frieden und an Wahrheit. Die Kurzprosastücke in diesem Band werden von einem Thema zusammengehalten: die mangelnde Bereitschaft vieler DDR-Bewohner, sich den herrschenden Verhältnissen anzupassen, sich ihnen auszuliefern. Sie richteten sich, wie es damals hieß, in Nischen ein; nahmen Verordnungen einfach nicht zur Kenntnis oder lebten kleine Privilegien ungeniert aus. Keine der neun in diesem Band versammelten Geschichten zeichnet sich durch eine unerhörte Begebenheit aus – es sind verhaltene Zustandsbeschreibungen des Privaten, des Unsensationellen, Innenansichten einer gegängelten Gesellschaft. Bewohner des westlichen Deutschlands vermögen kaum nachzuempfinden, was es für einen Ostdeutschen bedeutet haben mag, erstmals in seinem Leben etwa nach Italien oder Portugal zu reisen. Die literarischen Szenen aus dem DDR-Alltag bestechen vor allem durch ihre höchst artistisch geführte Sprache. Die Autorin wurde dafür mit einem Stipendium des Ingeborg-Bachmann-Wettbewerbs und mit dem ›Aspekte‹-Literaturpreis des ZDF ausgezeichnet.

Fischer Taschenbuch Verlag

fi 1510 / 1

Monika Maron
Stille Zeile Sechs

Roman. 219 Seiten. Leinen

Die DDR Mitte der achtziger Jahre: Rosalind Polkowski, zweiundvierzigjährige Historikerin, beschließt, ihren Kopf von der Erwerbstätigkeit zu befreien und ihre intellektuellen Fähigkeiten nur noch für die eigenen Interessen zu nutzen. Herbert Beerenbaum, ein ehemals mächtiger Funktionär, bietet ihr eine Gelegenheitsarbeit: Rosalind soll ihm die gelähmte rechte Hand ersetzen und seine Memoiren aufschreiben. Trotz Rosalinds Vorsatz, nur ihre Hand, nicht aber ihren Kopf in den Dienst dieses Mannes zu stellen, kommt es zu einem Kampf um das Stück Geschichte, das beider Leben ausmachte, in dem der eine erst Opfer dann Täter war, und als dessen Opfer sich Rosalind fühlt. Die Auseinandersetzung mit Beerenbaum läßt sie etwas ahnen von den eigenen Abgründen und den eigenen Fähigkeiten zur Täterschaft.

Stille Zeile Sechs ist die Adresse Beerenbaums, eine ruhige gepflegte Gegend für Priviligierte, weit entfernt von dem, was in den Straßen der DDR vor sich geht.

S. Fischer Verlag

fi 2029/1

Günter de Bruyn
Zwischenbilanz
Eine Jugend in Berlin

380 Seiten. Leinen

Diese Autobiographie ist ein literarisches Ereignis. Sie läßt die schwierigste Zeit unseres Jahrhunderts mit eindringlicher Intensität wieder aufleben. Sie ist Entwicklungsroman und Epochenpanorama in einem – ein Werk von seltener Kraft, Klarheit und Anmut. Günter de Bruyn erzählt von seiner Jugend in Berlin zwischen dem Ende der zwanziger und dem Beginn der fünfziger Jahre. Die Stationen sind: seine Kindheitserfahrungen während des Niedergangs der Weimarer Republik, die erste Liebe im Schatten der nationalsozialistischen Machtwillkür, seine Leiden und Lehren als Flakhelfer, Arbeitsdienstmann und Soldat, und schließlich die Nachkriegszeit mit ihrem kurzen Rausch anarchischer Freiheit und die Anfänge der DDR. Wie nur wenige Schriftsteller versteht es Günter de Bruyn mit wenigen Worten Charaktere zu skizzieren, Szenen zu entwerfen und die Atmosphäre der Zeit spürbar zu machen. Das Buch spiegelt den Lebenslauf eines skeptischen Deutschen wider, der sich nie einverstanden erklärte mit den totalitären Ideologien, die sein Leben prägten. Schutz vor der oft schwer erträglichen Gegenwart fand er in der Familie, der Literatur und schwärmerischen Jugendlieben. So ist dieses Buch, allem Ernst zum Trotz, auf wunderbare Weise gelassen und heiter.

S. Fischer Verlag

fi 2028/1

Collection S. Fischer

Hermann Burger
Die allmähliche Verfertigung der Idee beim Schreiben
Frankfurter Poetik-Vorlesung
Band 2348

Clemens Eich
Aufstehn und gehn
Gedichte
Band 2316
Zwanzig nach drei
Erzählungen
Band 2356

Dieter Forte
Jean Henry Dunant oder Die Einführung der Zivilisation
Ein Schauspiel
Band 2301

Marianne Gruber
Der Tod des Regenpfeifers
Zwei Erzählungen
Band 2368

Egmont Hesse (Hg.)
Sprache & Antwort
Stimmen und Texte einer anderen Literatur aus der DDR
Band 2358

Wolfgang Hilbig
abwesenheit
gedichte
Band 2308
Der Brief
Drei Erzählungen
Band 2342
die versprengung
gedichte
Band 2350
Die Weiber
Band 2355

Ulrich Horstmann
Schwedentrunk
Gedichte
Band 2362

Bernd Igel
Das Geschlecht der Häuser gebar mir fremde Orte
Gedichte
Band 2363

Walter Jens (Hg.)
Schreibschule
Neue deutsche Prosa. Band 2367

Peter Stephan Jungk
Rundgang
Roman. Band 2323

Christoph Keller
Wie ist das Wetter in Boulder?
Eine amerikanische Erzählung
Band 2369

Judith Kuckart / Jörg Aufenanger
Eine Tanzwut
Das TanzTheater Skoronel
Band 2364

Fischer Taschenbuch Verlag

fi 176 / 18 a

Collection S. Fischer

Dieter Kühn
Der wilde Gesang der Kaiserin Elisabeth
Band 2325

Ulrike Längle
Am Marterpfahl der Irokesen
Liebesgeschichten
Band 2374

Katja Lange-Müller
Wehleid – wie im Leben
Erzählungen
Band 2347

Dagmar Leupold
Edmond: Geschichte einer Sehnsucht
Roman
Band 2373

Monika Maron
Flugasche
Roman
Band 2317

Johann Peter
Landsonntag, englisch
Geschichten
Band 2365

Dirk von Petersdorff
Wie es weitergeht
Gedichte. Band 2371

Elisabeth Reichart
Komm über den See
Erzählungen. Band 2357

Gerhard Roth
Circus Saluti
Band 2321
Dorfchronik zum 'Landläufigen Tod'
Band 2340

Evelyn Schlag
Beim Hüter des Schattens
Erzählungen
Band 2335
Brandstetters Reise
Erzählungen. Band 2345
Die Kränkung
Erzählung. Band 2352

Klaus Schlesinger
Matulla und Busch
Band 2337

Natascha Selinger
Schaukel. Ach Sommer
Erzählung. Band 2360

Johanna Walser
Die Unterwerfung
Erzählung. Band 2349
Vor dem Leben stehend
Band 2326
Wetterleuchten
Erzählungen
Band 2370

Ulrich Woelk
Freigang
Roman. Band 2366
Tod Liebe Verklärung
Stück. Band 2372

Fischer Taschenbuch Verlag

fi 176/19 b

Klaus Schlesinger hat sich in seinen Erzählungen ganz den Alltagsproblemen der Menschen in Berlin, ihren Frustrationen, Träumen und Ausbruchsversuchen zugewandt; dabei gelingen ihm einige der wichtigsten Texte der zeitgenössischen DDR-Literatur.

Rowohlt-Autoren-Lexikon

Klaus Schlesinger
Matulla und Busch

Band 2337

Friedrich Gustav Matulla (75) wohnt zusammen mit Walter Matthias Busch (77) in einem Männerheim im schwäbischen Fellbach. Matulla stammt aus Pommern. Von Busch weiß man wenig, nur daß Lene für ihn sehr wichtig gewesen ist. Mit einem eingeschriebenen Brief beginnt Matullas kurzes zweites Leben. Er hat den dritten Teil eines Hauses in Berlin geerbt. Aber schon auf der Fahrt nach Berlin häufen sich die Schwierigkeiten. Er reist ohne Brief ab. Beim Abschiedstrunk in der Bahnhofskneipe verliert er sein ganzes Geld an Spieler. Nachdem sie den Koffer versetzt haben, reisen sie per Anhalter weiter, zwei Tage später erreichen sie West-Berlin. Das Haus, um das es geht, ist besetzt. Die Polizei, an die sich Matulla wendet, tut nichts, und der Rechtsanwalt klärt Matulla auf, daß die Erbengemeinschaft längst über die Zukunft des Hauses entschieden hat. Endlich betreten Matulla und Busch das Haus, in dem sich 23 junge Leute eingerichtet haben. Er pocht auf sein Recht als Eigentümer, kann sich aber nicht entschließen, die anderen vor die Tür zu setzen. Gemeinsam setzen sie das Haus instand, während die Vertreter der Ordnung und des Kapitals nur auf einen geeigneten Moment warten, das Haus abzureißen, um mit dem Neubau eines Geschäftshauses eine weitaus bessere Rendite zu erreichen.

Fischer Taschenbuch Verlag

fi 1029/1

Berlin erzählt

19 Erzählungen

Ausgewählt und mit einer Nachbemerkung
von Uwe Wittstock

Berlin erzählt läßt die veränderungswütige Vergangenheit Berlins in Erzählungen berühmter Schriftsteller Revue passieren. Keine andere Stadt hat in diesem Jahrhundert so viel mitgemacht wie Berlin. Nicht nur die deutsche Geschichte hinterließ hier ihre tiefsten Spuren, auch die europäische oder, wenn man so will, die Weltgeschichte. Es sind deshalb in diesem Band Erzählungen versammelt, die nicht unbedingt typisch sind für das Werk ihrer Autoren, aber Typisches aus dem Berliner Leben der jeweiligen Zeit wiedergeben. Aufgenommen wurden Geschichten, die Atmosphäre, Mentalität und Sprache dieser Metropole einfangen. Sie sollen ein Porträt der Stadt entwerfen von der Jahrhundertwende und der Kaiserzeit, über die Weimarer Republik und Deutschlands düstere Dreißiger, bis zur vermauerten Nachkriegszeit und der Wiedervereinigung.

Band 10925

Es erzählen: Bertolt Brecht, Günter de Bruyn, Alfred Döblin, Marieluise Fleisser, Christoph Hein, Franz Hessel, Günter Kunert, Heinrich Mann, Thomas Mann, Vladimir Nabokov, Sten Nadolny, Walter Serner, Klaus Schlesinger, Wolfdietrich Schnurre, Jürgen Theobaldy, Kurt Tucholsky, Robert Walser, Carl Zuckmayer und Marina Zwetajewa.

Fischer Taschenbuch Verlag

fi 1157 / 1

Erzähler-Bibliothek

Jerzy Andrzejewski
Die Pforten des Paradieses
Band 9330

Veljko Barbieri
Epitaph eines königlichen Feinschmeckers
Roman
Band 11026

Hermann Burger
Die Wasserfallfinsternis von Badgastein *und andere Erzählungen*
Band 9335

Joseph Conrad
Jugend
Ein Bericht
Band 9334
Die Rückkehr
Erzählung
Band 9309

Heimito von Doderer
Das letzte Abenteuer
Ein »Ritter-Roman«
Band 10711

Fjodor M. Dostojewski
Traum eines lächerlichen Menschen
Eine phantastische Erzählung. Band 9304

Carlo Emilio Gadda
Cupido im Hause Brocchi
Erzählung. Band 11016

Nikolai Gogol
Der Mantel/Die Nase
Zwei Erzählungen
Band 9328

Ludwig Harig
Der kleine Brixius
Eine Novelle
Band 9313

Henry James
Das glückliche Eck
Eine Geistergeschichte
Band 10538

Abraham B. Jehoschua
Frühsommer 1970
Erzählung
Band 9326

Franz Kafka
Ein Bericht für eine Akademie/Forschungen eines Hundes
Erzählungen
Band 9303

Alfred Kantorowicz
Meine Kleider
Band 11424

Eduard von Keyserling
Schwüle Tage
Erzählung
Band 9312

Michail Kusmin
Taten des Großen Alexander
Roman
Band 10540

Fischer Taschenbuch Verlag

fi 669 / 11a

Erzähler-Bibliothek

George Langelaan
Die Fliege
Eine phantastische Erzählung
Band 9314

D.H.Lawrence
Die Frau, die davonritt
Erzählung
Band 9324

Thomas Mann

Mario und der Zauberer
Ein tragisches Reiseerlebnis
Band 9320

Der Tod in Venedig
Novelle
Band 11266

Tristan
Novelle
Band 10572

Die vertauschten Köpfe
Eine indische Legende
Band 9305

Walter de la Mare
Die verlorene Spur
Erzählung
Band 11530

Daphne Du Maurier
Der Apfelbaum
Erzählungen
Band 9307

Herman Melville
Bartleby
Erzählung
Band 9302

Arthur Miller
Die Nacht des Monteurs
Erzählung
Band 9332

Franz Nabl
Die Augen
Erzählung
Band 9329

René de Obaldia
Graf Zeppelin oder Emiles Leiden
Erzählung
Band 10177

V.S. Pritchett
Die Heimkehr der verlorenen Tochter
Erzählung
Band 11265

Alexander Puschkin
Die Erzählungen des verstorbenen Iwan Petrowitsch Belkin
Band 9331

Peter Rühmkorf
Auf Wiedersehen in Kenilworth
Ein Märchen in dreizehn Kapiteln
Band 9333

Antoine de Saint-Exupéry
Nachtflug
Roman. Band 9316

Fischer Taschenbuch Verlag

fi 669/5b

»Unter den jungen deutschen Autoren ist Jan Koneffke einer der diskretesten, er überzeugt als Filigrantechniker inmitten von bedeutungsschweren, sprachbeladenen Kollegen.«
DER SPIEGEL

Jan Koneffke
Bergers Fall
Roman
144 Seiten
Fadenheftung · Schön gebunden
ISBN 3-627-10072-7

■

»Die deutsche Literatur ist nicht gerade reich an kunstvollen Kriminalromanen. Jan Koneffke hat ihr einen hinzugefügt. Was Koneffkes kunstvoll gesponnenen Thriller von herkömmlichen Kriminalromanen unterscheidet, sind Phantasie, Beobachtungsgabe und sprachliche Genauigkeit.«
Michael Bauer, Süddeutsche Zeitung

■

»Bergers Fall: ein Artefakt, ein mit vieldeutigen Zeichen kunstvoll ausgelegtes Denkspiel. Vor allem die Hauptfigur, Berger, prägt sich dem Bewußtsein nachhaltig ein – und vermutlich dauerhafter als so viele lebensecht dargestellte, rundum beschriebene Romanfiguren. Als sei in Bergers Fall auch unser aller Fall erzählt.«
Elsbeth Pulver, Neue Zürcher Zeitung

Frankfurter
Verlagsanstalt